◎本书系2022年湖南省高校思想政治工作精品项目（编号：□□□□□□□□□□□理演讲项目”研究成果

◎湖南警察学院2020年度课程思政教改项目“课程思政视角下'普通心理学'融入体验式团体活动教学实践探索”研究成果

面向育人的心理学建设

新理念、新路径、新成效

杨元花 ◎ 著

湖南师范大学出版社·长沙

图书在版编目（CIP）数据

面向育人的心理学建设：新理念、新路径、新成效/杨元花著. --长沙：湖南师范大学出版社，2024.10. --ISBN 978 - 7 - 5648 - 5594 - 9

Ⅰ. G44

中国国家版本馆 CIP 数据核字第 2024ZC1322 号

面向育人的心理学建设：新理念、新路径、新成效

Mianxiang Yuren de Xinlixue Jianshe：Xinlinnian，Xinlujing，Xinchengxiao

杨元花　著

◇出　版　人：吴真文
◇责任编辑：孙雪姣　张　雪
◇责任校对：张晓芳
◇出版发行：湖南师范大学出版社
　　　　　　地址/长沙市岳麓区　邮编/410081
　　　　　　电话/0731 - 88873071　88873070
　　　　　　网址/https：//press. hunnu. edu. cn
◇经销：新华书店
◇印刷：湖南省美如画彩色印刷有限公司
◇开本：170 mm×240 mm
◇印张：12. 25
◇字数：200 千字
◇版次：2024 年 10 月第 1 版
◇印次：2024 年 10 月第 1 次印刷
◇书号：ISBN 978 - 7 - 5648 - 5594 - 9
◇定价：68. 00 元

凡购本书，如有缺页、倒页、脱页，由本社发行部调换。

前言

党的二十大报告中提出，增进民生福祉，提高人民生活品质。必须坚持在发展中保障和改善民生，鼓励共同奋斗，创造美好生活，不断实现人民对美好生活的向往。其中，重点提到实现美好生活离不开推进健康中国建设。而要推进全面的健康中国建设，离不开心理育人和精神卫生工作。

新时代，是心理觉醒的时代，要重视心理育人，首先要关注心理是怎么产生的。

在我们还是不到 2 岁的幼儿时，抚养者为我们所付出的心力，未来会被忘得一干二净。然后，用另外一种方式被保存在了我们的大脑回路里。

感受到饥饿和寒冷的时候，熟悉的大手是带来了安慰，需求被及时满足，还是迟迟未来？大脑就这样记住了，能不能信任另一个人。

开始探索世界的时候，大人们是耐心等待加鼓励，还是包办，或是批评打击？大脑就这样记住了，自己是能干、自信的，还是什么都做不好、沮丧的。

寻求沟通交流的时候，熟悉的声音是立刻回应，还是忽视的？大脑就这样记住了，自己是受人重视，还是可有可无。

早年形成的这些，刻在了记忆深处。

饿了时及时的喂奶，尿了时适时的换尿布，高兴时亲子咿咿呀呀的交流，摔了时耐心的鼓励和支持……

即使婴幼儿忘光了，都没关系。

等到当年的小孩长大了，开始照顾另一个婴幼儿的时候；等到当年的小孩长大了，然后读到相关研究的时候，发现原来，我们身上的稳重、好奇、坚强、乐观等并不是生来就具备的。

在那段被你遗忘的时光里，有人曾经，深爱过你。

那段遗忘的时光就是我们心理建设开始的地方。

就像没有一定的音乐素养听不懂一场音乐会一样，人们没有一定的心理学素养也塑造不好强大的心灵。运动改变大脑，要引导人们喜欢运动，热爱运动，坚持运动；要转变孩子睡眠观念，睡眠有规律可以减轻抑郁、焦虑和自杀倾向；阅读帮助大脑神经连接，提高创造力，要组织孩子多阅读；生活工作需要沟通，要培养孩子语言素养，善于沟通；生命都有"火花"，要点亮孩子，培养其情绪智力；等等。这都跟我们的大脑有关，大脑是心理的器官，很多实验证明大脑天生会改变，用进废退，创造美好生活要有坚定的信念，坚强的意志和稳定的情绪，需要学习心理知识，科学用脑，强身心，健体魄。

阅读这本专著只是美好生活万里长征的第一步，期待我们的读者能举一反三，身心健康，明天会更好。这也是《面向育人的心理学建设：新理念、新路径、新成效》撰写的主旨和初衷。

感谢湖南警察学院应用心理学专业学生参与部分文献资料的收集和整理工作：刘烨鹏、杨梦婷、林婕、周喆、贺岚、龙佳怡、李畅、李衡利、陈情语、李幸、邓银、邱沁园、邓卓航、张婷婷。

目　录
CONTENTS

第一章

早期抚养用爱浇灌：心理开始的地方

实例引入：洗澡是他的安全岛

小 Y，男，18 岁，独生子，因为军训期间不能适应学校生活，情绪时刻面临崩溃而前来咨询。

小 Y 在父母的陪同下去医院看过很多医生，但觉得没有什么帮助。

小 Y 3 岁前一直跟奶奶生活。妈妈坐完月子就离开他去上班了，开始由奶奶日常照顾，周末才能回去看他。他最亲近的人是奶奶，但是奶奶带他到 3 岁的时候，因为又要去带别的孙子，就没再陪伴他了。奶奶离开的那天，他哭得撕心裂肺，在站台上追着火车哭了很久，以至于他至今还记得这一幕。

小 Y 3 岁后主要跟父母一起生活。小 Y 很敏感，不喜欢自己，人际关系一直比较单纯，交什么样的朋友，跟什么人玩，都要经过爸妈同意和筛选。按照爸妈的意见，小 Y 跟成绩好的玩，成绩差的不玩，跟成绩好的玩还要防止别人的成绩搞得太好，所以人际关系一直都相对闭塞。来到大学，陌生的环境，严苛的军训，让作为交际"小白"的小 Y 一下子不能适应，以至于每天都处在情绪崩溃的边缘，最后不得不休学。

分析：小 Y 的人际交往非常单纯闭塞，中学时代都是大人代理社交，他没有自己的选择，没有自己的想法，一心都在搞学习，与人打交道的能力几乎为零，关于人际交往知识和经验更没有，完全依赖父母。那么到了大学，问题来了，大学的人际复杂了，特殊化了，跟以前不一样了，他孩童化的社交方式应付不了了，导致出问题了。

小 Y 原来的社交是空白的，他基本处在父母的保护下，一直像一个孩子一样，人很大了，心智还是小孩。来到大学，要突然之间一夜长大，去应对外面的风雨，他慌了，害怕社交，回避社交，一度来到学校门外就发抖，教官一句训话就恐惧，不想面对大学生活，不够成熟，拒绝成熟。

分析：小 Y 的核心问题是从小隔离社交，过滤社交，空白社交，没有人际交往的大量刺激，就是人际的视觉、听觉、触觉等都没有激活，没有体验，也没有人教育，一心只读书。他完全没有社交的能力，甚至可以说完没考虑跟人互动这个事情，单纯到可怕，既不会把握社交的度，又不会处理社交中的问题。到了大学，人际交往这种陌生的领域让他望而却步，使他觉得人太复杂了，太可怕了，自己完全是小白，不懂人这种生物会想什么，会怎么做，会怎么互动，又没有父母在身边代办，一下子应对失败。

小 Y 的妈妈坐完月子就与他长期分离，他是奶奶一手带到 3 岁，父母的陪伴比较少，都忙于工作，奶奶可能只会照顾他的生活，不会精神上养育，比如讲故事啊，亲子活动啊。妈妈的突然离开，加上奶奶陪伴了 3 年又突然离开，还有小学三年级又突然转学校，这些都让他觉得，在他的世界里，人都是突然可以变的，变得自己无法掌控。他依恋的人一个个突然离去，对于小孩的世界是崩溃的，他也没有办法理解，没有人安慰他受伤的心灵，他的人际安全感到大学都非常差。

分析：小 Y 在人际中的患得患失，怪念连连的特征很可能跟亲子关系的不稳定和疏离有关联，童年时期重要的人际关系说断就断，在其幼小的心灵留下了患得患失的阴影，长大后的人际交往又处于闭塞的保护状态，因此没有在长大后的岁月里进行有效的人际刺激矫正体验，导致他到了大学一下子要应对各种复杂的人际问题时卡壳了，出现严重的回避行为。

小 Y 反反复复请假回家，又不断回到学校，来来回回好几次，都没有走出这种对人际的恐惧，一来到学校就害怕，就患得患失，老师和学生干部做了很多陪伴疏导工作，都没有缓解，他处在自己建构的世界里，还没有感知外面的真实的世界，大人也很不理解，坚持他要完成学业。

（咨询片段 1）

咨询师：爸妈不让你进行社交？觉得浪费时间？

小 Y：是的，只能和成绩好的同学玩，也要防着，怕别人超过自己。非常狭隘逼仄的社交观。

咨询师：我们学校都是好学生啊，你也要防着他们，害怕他们算计你？

小Y：哈哈，一时改不过来，典型的被成绩逼疯的人。

咨询师：父母的初心应该不是这样的，他们应该是无心的。

小Y：不好讨论对错，只是还是有些怨气（对父母）。

分析：小Y的人际空白和感觉刺激的匮乏，导致他的症状非常典型，还比较棘手，他自己不肯走出来，还在用他的旧认知应对新世界，会比较麻烦，加上父母的焦虑，不肯让他放弃学业，还是焦虑学习，而没有发现孩子更重要的问题，本质上不能解决根本问题，父母应该把重心放在人际交往的问题上面来。

小Y谈到父母的教育是侮辱式的教育，说他们惯用的模式是讽刺、打击和挖苦，尤其是成绩不好了，就开始讽刺挖苦，说继续玩，玩到连谁谁谁都不如了。他非常难受，觉得这是一种耻辱，也很无语，只能带着怨气逼自己学习。

（咨询片段2）

咨询师：这样的话天下很多父母估计都说过，但大多数孩子好像没什么影响，你怎么看？

小Y：个体也许有差异，但不仅仅是这个原因，我还是觉得是自己不够成熟，或许也有一定程度的敏感，但不是决定因素。

咨询师：嗯，被保护得太好了，不懂社会？

小Y：就是这种感觉，到了社会，没人管你是谁谁谁，后面我爸妈直接断我的粮了，说"你不出去，没钱给你"。于是我出去了，刚开始低三下四，被骂得够呛，也被气得要死。但是，后来越来越好了，所以，强烈建议患者（跟他类似的）走出去。

咨询师：你的反差太大了，非常了不起，很有悟性。

小Y：我现在客套话说得少了，也静得下心来，心不会被人际困扰分走，也就是不自卑了，骨子里洋溢着自信。

分析：小Y休学后，情况得到一个比较大的改变，就是不断地接触社会，接触人，不断地接受各种人际的刺激，刺激得越多，越能令他脱敏，慢慢地就不敏感了，觉得人与人之间是平等的，甚至觉得跟社会比起来，学校好太多了，回过头再看看曾经的学校里的自己时简直就是开启了上帝视角。

在咨询的后期，小 Y 变得越来越自信，基本克服了人际自卑的问题，尤其是他在诗词方面的成就，让他一通百通，一下子超越自卑了，社交也就打开了。

（咨询片段3）

咨询师：具体说说感受，你怎么一下子就克服人际问题了？

小 Y：我觉得最重要的是克服了自卑感，尤其是诗词的建树（他用了一个比较自信的词）。

咨询师：具体说说。

小 Y：没有爸妈的帮助，我的诗词可以在各大报纸刊登，于是我就有自信了，起码这点，我不比别人差，少年自负凌云笔，一下子好有成就感。并且钻进去了，兴趣使我战胜了恐惧，我自己和报社记者打交道，拿稿费，慢慢形成了一个人际的良性循环。

咨询师：很幸运，你有非常自信的东西可以拿出来。

小 Y：主要是兴趣使然，多亏了它，我才变得如此强大。

咨询师：之前你情绪很糟糕时，是怎么让自己稳定下来的？

小 Y：不停地洗澡，水冲在身体上的感觉很放松。

分析：小 Y 人际交往问题一直得不到缓解，一度糟糕的时候要不停地洗澡，洗澡能让他暂时回到安全的状态，情绪会稳定下来。当情绪非常不稳定的时候，我们会问做什么会让他非常放松，然后他每次这样稳定自己，水安抚身体的感觉就跟妈妈安抚婴儿的感觉一样，会让他暂时感觉安全，不让情绪将他淹没，但是不能从根本上解决问题。

真正让他切断情绪的是兴趣，当时他爱好写作，就鼓励他写诗词，没想到这个兴趣帮助了他。因为我们的理性大脑不太够时，情绪大脑油门爆满时，要想办法平衡三大脑的平衡，这个在情绪章节会详细介绍。诗词创作其实是一种艺术创作，当他沉浸在自己的兴趣中，其实是转移了很多的情绪能量，这种心理动力的转换，让他从人际困境中走了出来，因为更多情绪的心理动力被诗词创作分散了火力，有一个缓冲，有一个成熟成长期。

人际感觉的缺失和剥夺可能都会导致比较大的问题，这个个案值得我们深思，值得我们这个时代的父母深思，接下来，我们详细介绍"感觉"的相关内容。

如果生活是一首优美的旋律，轻快的音符交织出欢愉的旋律，深沉的音符吟唱出悲伤的旋律，那么感觉就如同这旋律中的每个音符，让我们在生活的旋律中感受情感的起伏。有时候，我们会沉浸在轻盈欢快的旋律中，像是迎着朝阳，在晨曦中感受到生活的美好和温馨；有时候，我们会陷入深沉悲怆的旋律里，如同在夜幕中聆听朴树的《平凡之路》，沉浸在感伤的情感中。无论是欢快还是忧伤，感觉就像是音符一样，串联起我们生活中的点点滴滴，让我们在这旋律中感受生活的真谛。就像音乐一样，感觉是生活中最真挚、最动人的旋律，让我们在这旋律中感悟生命的意义。

感觉是感受器——我们眼睛和耳朵等部位中的结构——受到刺激后产生神经冲动以反映身体内外经验的过程。① 感觉是个体觉察和分辨事物特殊的直接的体验和认识，是个体的基本心理过程之一。它包括外部感觉和内部感觉，外部感觉包括视觉、听觉、嗅觉、味觉、皮肤感觉等，它们反映个体自身以外的事物属性，如颜色、声音、气味、味道、温度等；内部感觉主要反映个体本身状态及其与外部刺激的关系，如运动觉、平衡觉、内脏感觉等。感觉是我们认识世界和自身的重要途径，它帮助我们感知周围环境、识别物体、调整身体姿势和动作以及维持身体平衡。简单点来说，它是一种对外界事物的直观的感受，是我们认识世界的基础，它提供给我们内外界环境的信息并保持着机体与环境的信息平衡。本章要讨论的就是"感觉"这种心理现象。在心理学的研究中，感觉是一个备受欢迎的话题，有许多感觉的经典实验，首先我们了解由 W. H. 贝克斯顿、W. 赫伦和 T. H. 斯科特等几位心理学家做的感觉剥夺实验——麦克吉尔实验。

接着简要介绍如何运用"感觉"来让生活更加美好，包括感觉的本质、感觉与生活的关系。那"感觉"如何引导我们去感受这个世界，"感觉"又如何带我们去享受世界呢？它对我们人体的健康有何帮助？最后我们讨论

---

① 理查德·格里格，菲利普·津巴多. 心理学与生活（第19版）[M]. 王垒，等译. 北京：人民邮电出版社，2016：8.

在日常生活中运用"感觉"的方法，侧重分析感觉在阅读以及运动中的应用。

一、感觉剥夺下的育人新启示：经典实验的新解读

感觉是人们认识世界的基础，它帮助人们了解周围环境，判断距离、大小、形状、颜色等，同时也影响人们的情绪和行为。感觉的敏锐程度和准确性是心理健康的重要指标之一。感觉不仅是心理学研究的核心话题，更是我们理解自我和环境的基础。接下来我们将回顾 W. H. 贝克斯顿、W. 赫伦和 T. H. 斯科特等心理学家所进行的感觉剥夺实验——麦克吉尔实验，这一经典实验对心理育人有着重要的启示。

感觉剥夺的实验结果表明，当个体在感觉上遭受剥夺时，会出现情绪不稳定、认知障碍、行为异常等现象。这提醒我们在心理育人中应当注重感觉的培养，让学生在多种感官的刺激中获得丰富的感受体验，从而促进其全面发展和健康成长。

另外，感觉剥夺实验也提示我们要关注个体的感觉需求，保护和提升他们的感官功能，以提高其对环境的感知和适应能力。在心理育人实践中，我们可以通过提供多样化的感官刺激和体验来培养学生的感觉能力，从而促进其情感、认知和行为的健康发展。

因此，感觉剥夺实验为我们提供了重要的心理育人启示，强调了感觉在个体心理发展中的重要性，并引导我们在心理育人实践中重视感觉的培养和保护。

（一）感觉剥夺实验——心理育人的新视角：从感觉剥夺实验中汲取的智慧

感觉剥夺实验就是将个体的所有感觉能力剥夺，让个体丧失与外界环境沟通的能力，就是让个体处于暂时失去感觉能力的状态，然后把他放到一个没有刺激的环境中进行研究，从而探讨其生理心理环境变化。

在 1954 年，心理学家们进行了许多感觉剥夺实验，其中最引人注目的是由 W. H. 贝克斯顿、W. 赫伦和 T. H. 斯科特等几位心理学家做的感觉剥夺实验。他们付给被测试的学生每天 20 美元的报酬，让他们在缺乏刺激的

环境中逗留。这个实验是在缺乏图形视觉（被试者需要戴上特制的半透明的塑料眼镜）、限制触觉（手和臂上都套有纸板做的手套和袖套）和听觉（实验在一个隔音室里进行，用空气调节器的单调嗡嗡声影响其听觉）的环境中静静地躺在舒适的帆布床上。①

许多被试者在实验的开始阶段会选择睡觉或者思考他们的学期论文。然而，随着时间的推移，他们开始感到无聊和焦躁不安，这是感觉剥夺实验的最基本的反应。在实验过后的几天里，被试者的注意力变得分散，思维受到干扰，不能进行明晰的思考，智力测验的成绩也不理想。此外，生理上也发生明显的变化。通过对脑电波的分析，被试者的全部活动严重失调，有的被试者甚至出现了幻觉（白日做梦）现象。

赫伦博士认为，个体的心理的形成完全依赖于其所处环境。他进一步指出，个体在每个年龄阶段都与他的环境不断发生交往。实验中被试者对环境出乎意料的反应，正是他们无法离开环境的证明。赫伦还认为，个体的中枢神经系统有一种形成"细胞结集"的能力，这种能力能够发展出注意和知觉的习惯。这表明我们如何形成知觉和注意的习惯方式取决于我们早期所受的环境影响。从出生开始，我们主要只听见本民族的语言，因而被剥夺了非常丰富的听觉经验。在婴儿时期，这样的环境就改变了我们的视觉系统，以致我们总是通过我们早期经验的局限性来看待世界。

这个实验结果让人们了解到感觉输入对个体认知和行为的重要性，同时也揭示了环境对人类心理形成的影响。这些发现对于理解人类心理机制以及治疗相关心理疾病具有重要意义。然而，感觉剥夺实验也存在一些争议和局限性，需要在未来的研究中进一步探讨。

（二）感觉剥夺的心理效应

（1）感觉剥夺会使得被试者的注意力变得分散，无法集中精力从事某种活动。被试者可能会感到无聊、焦虑，甚至出现逃避实验环境的情况。

（2）感觉剥夺会导致被试者的思维变得混乱，无法明晰地思考问题。被试可能会感到困惑、不知所措，甚至出现思维停滞的情况。

---

① 葛明贵.感觉剥夺实验研究述评［J］.安徽师范大学学报（自然科学版），1994，22（3）：1－4.

（3）感觉剥夺可能会损伤被试者的知觉能力，导致被试者无法正常地进行感知活动和分析。被试者可能会感到认知功能下降，注意力不集中，甚至出现幻觉现象。

（4）感觉剥夺还会影响被试者的想象能力，导致畸变。被试者可能会出现想象过度的情况，甚至出现幻觉现象，影响他们的行为和情绪。

总的来说，感觉剥夺实验对被试的心理和生理都会产生一定的影响，这些影响可能会对他们的认知、情绪和行为产生不良影响。因此，在进行感觉剥夺实验时，需要严格控制实验条件，确保被试的身心健康。

（三）感觉剥夺生理学意义

感觉剥夺实验揭示了人类神经系统对不断袭来的各种刺激的适应能力。它告诉我们，为了维持神经机能的正常运行，一定水平的感觉输入是必不可少的。这个输入不仅提供了身体对环境的感知，还帮助我们保持心理的平衡和稳定。如果没有足够的刺激，神经系统可能会变得紊乱，导致心理上的不适。

实验还表明，多样化的刺激，如光、形、色、声、味、嗅、触等，对人类的正常功能发展起着关键的作用。它们有助于我们的神经系统适应不断变化的环境，帮助我们维持身体和心理的健康状态。如果剥夺了这些感觉输入，就会影响我们的认知、情绪和行为，最终可能导致身体和心理的不适应。因此，多样化的感觉输入对我们的生存和发展至关重要。

（四）感觉剥夺实验的育人启示

从育人的角度出发，感觉剥夺实验为我们带来了深刻的启示。这一实验不仅彰显了感觉在心理发展过程中的核心地位，无论是低级还是高级的心理活动都需要感觉的参与。如果没有感觉，人们的知觉、记忆、思维等高级心理活动就会受到影响，从而导致正常的心理机能无法维持。更让我们意识到，认识和探索环境是人类心理健康与成长的必要环节。

首先，感觉作为人类认知的基石，在心理育人中扮演着举足轻重的角色。无论是简单的知觉还是复杂的思维活动，都离不开感觉的参与。因此，在心理育人的过程中，我们需要重视对学生感觉能力的培养和训练，帮助他们更好地感知世界、理解自我。

其次，感觉剥夺实验揭示了认识环境是一种比物质享受更迫切、更强烈的需要。马斯洛的需求层次理论指出，即使前四种需求得到满足，个体仍可能产生制造紧张、要求发挥自己全部潜能的需要。在感觉剥夺的情境中，被试的认识需要受到抑制，因此满足其认识客观需要的动机促使他们制造紧张状态，重新回到包含丰富刺激的客观环境中，这有利于自我潜能的充分发挥和追求更高一级的需要。这种需求在心理育人中同样重要。我们需要引导学生积极探索和认识周围的环境，培养他们的好奇心和求知欲，让他们在不断地学习和探索中实现自我潜能的发挥。

此外，感觉剥夺实验还告诉我们，人类作为社会化的产物，离不开社会环境。在心理育人的过程中，我们需要注重培养学生的社会适应能力，帮助他们建立良好的人际关系，获得社会的支持和理解。只有这样，学生才能更好地适应和发展自己的心理状态，实现个人与社会的和谐共生。

综上所述，感觉剥夺实验为我们提供了心理育人的重要启示。在心理育人的过程中，我们需要重视感觉的培养、满足学生对环境的认知需求以及培养他们的社会适应能力。这些措施将有助于促进学生的心理健康和全面发展，为他们未来的成长奠定坚实的基础。

二、感受自我和世界的窗口

（一）站在巨人的肩膀上看感觉与生活的关系

生活中，我们经常用到关于"感觉"的表达方式，例如："我感觉他像我一位老朋友""我感觉听课像听经书""我感觉刚才像做梦一般""我感觉我一点也不喜欢他""我感觉这是一道美味的佳肴"。通过稍作辨析，我们可以看出其中的区别。

前三个例子中的句子实际上是通过"我"对生活中所遭遇的"事物"进行了一种"联想"、"想象"，甚至"幻想"，从而出现了句子中的"老朋友""经书""梦"。而后两个例子则主要表达了"我"对人或事物的某种"情感"体验或身体"感受"。不论是哪种情况，生活中，"感觉"的基本含义始终指向"主观"的世界，环绕着或附着在"我"的身上。

生活中很多事情让我想起"私人逻辑"这个概念，就是一个人对世界有了感受，然后根据感觉有自己的逻辑诠释，然后形成信念，然后有了行动。

先说说它的来源，那就是我们每个人在生活中的感受。普遍心理学会花很大精力专门讲感觉，它是一切心理活动和行为产生的根源，感觉会调动我们所有的感官通道，如视觉、听觉、嗅觉、味觉、触觉、运动觉、内脏感觉，这些就是心理的开始。

比如，不吃糖，你就不会对甜有概念；没被小朋友欺负过，你就不知道世界原来不是为你创造的；没爱过别人或没被人爱过，就不知道爱的滋味……在这些感受当中，有一些是共通的，确实是普遍真理，例如火是热的，这些感受人人都一样。但是，真正和自己的生命及心理成长有关系的相对深层的体验，却会各自不同，形形色色，无法穷尽。

在东西方哲学和心理学思想的传统中，有许多理论将"感觉"视为"主观存在"的一部分，对其所在时代甚至以后的几个世纪都产生了深远的影响。然而，这种观点主要侧重于将"感觉"置于个体内部，并将其视为主观体验的体现。

在古希腊时期，普罗泰戈拉作为"智者派"的开创者，同时也代表着当时的"感觉主义"观点。他主张"人是万物的尺度"，坚信每个人的感官是知识的源泉。他认为，所谓"灵魂"不过是一种感官的存在，而知识就是对各种感觉的感知。

普罗泰戈拉提出，面对同样的风，不同的人会有不同的感受。风对每个人的显现都是独特的，这就是每个人感受到事物的样子。基于这种观点，普罗泰戈拉认为事物的美丑也取决于个人的主观感受。他提出了一种假设，即在一块绒毛地毯上，如果所有人根据自己的主观感受扔下他们认为丑陋的东西并带走他们认为美丽的东西，那么地毯上最终将没有任何东西剩下。

18世纪启蒙主义时期，伴随人们废除宗教话语的呼声，当时，"百科全书派"的罗素主张以"理性"和"科学"来规范"个体"及组织社会生活；与其相反，被罗素视为西方"浪漫主义运动之父"的法国思想家卢梭则倡导"个性"和"感觉"感觉的表现。在其所著《爱弥儿》中，卢梭写道：对于我们来说，存在就是感觉；我们的感觉能力无可争辩地是先于我们的理智的，我们是在有观念以前已经有了感情的。①

在《忏悔录》中，卢梭坚定地表达了他的观点："我的各种感觉是在我的内部发生的，因为它们使我感到我的存在。"他呼吁我们倾听内在情感的声音，认为"我只有一个向导还忠实可靠，那就是感情之链"。西方当代文化学者贝尔的研究表明，对卢梭而言，掌握真理的唯一途径是通过感情或感受，而非理性判断或抽象推理。他的名言"我感觉，故我存在"强调了感受在确认自我存在中的重要性。

在"浪漫主义"运动最早兴起时，卢梭的思想对该派影响深远。德国学者提出的"移情说"就是卢梭思想的一个体现。根据英国代表理论家浮龙·李的解释，"移情作用"在德文中的含义是"感觉进入"。另一位代表人物里普斯进一步强调，"移情"是将自我"感"到审美对象中去的过程，"审美的欣赏并非对于一个对象的欣赏，而是对于一个自我的欣赏"。这种欣赏是基于"我的实在的感觉"（如"愉悦""自由"等"情感"或"感受"），而非仅仅是对一个意象的欣赏。

在 19 世纪末至 20 世纪初，西格蒙德·弗洛伊德的精神分析学说对思想界和心理界产生了深远的影响。他的理论之一，即"本能"及"冲动"对人类心灵在文化、艺术和社会成就中做出了巨大的贡献，尤其是"性本能"。对于弗洛伊德来说，在心理学领域，"性本能"主要表现为"性感觉"。

在分析个人心理能量来源时，弗洛伊德总是将"性感觉"作为核心，将其融入个人的"冲动"或"欲望"之中，并最终将其追溯到"性本能"这一根本动力上。弗洛伊德的这种分析方法，不仅揭示了性感觉在人类心理中的重要性，也为我们理解人类行为和文化现象提供了新的视角。

在当代，法国现象学家梅洛·庞蒂对"感觉"进行了深入思考。他指出，西方"理智主义"哲学过于强调"意识主体"对"客体"的"本质"认识，而忽略了主体与世界之间的有机联系。在这种认知关系中，"感官"概念缺乏想象力，因此，"我亲眼看见或我亲耳听到"这样的说法是荒谬的。梅洛·庞蒂认为，一个正常的、处于人际环境中的人之所以能够获得

---

① 王宜东. 如何切入艺术［D］. 昆明：云南大学，2017：24－27.

认知，是因为他有一个身体。

梅洛·庞蒂借用德国哲学家赫尔德的话强调，并引申说："人是一个永远共通的感觉体，有时从一边接受刺激，有时从另一边接受刺激。"换句话说，人是一个感觉的存在，通过身体感知世界。他进一步指出：我的身体是所有物体的共通结构，至少在感知世界方面，我的身体是我理解力的普遍工具。

从上述历史名人的思想中可以看出，感觉不仅是我们日常生活的重要组成部分，而且也在东西方哲学和心理学的历史发展过程中占据了重要的地位。这表明感觉在人类认知和情感体验中起着至关重要的作用，是我们理解自我和世界的重要途径。

（二）感觉和生活的关系：一场灵动的对话

在日复一日的生活中，感觉与我们形影不离，它们仿佛是我们内心与世界的亲密伙伴，犹如热烈的恋人，在我们的身旁缠绵不舍。感觉，宛如一位灵动的使者，与生活相互对话着，彼此交流着奇幻的故事。

首先，感觉是我们生活中的引路人，是我们与世界互动的桥梁。通过感觉，我们能够感知到外界的信息，如色彩、声音、气味、温度等，从而形成对世界的初步认识。同时，感觉也是我们表达自己情感和意愿的方式，例如通过面部表情、肢体语言等方式来传递情感和信息。其次，生活是我们感知和体验的舞台。在生活中，我们不断地与他人、环境互动，形成各种感知和体验，如喜怒哀乐、酸甜苦辣等。这些感知和体验构成了我们生活的重要内容，也是我们认识和理解世界的依据。

同时，这位感觉的使者常常引导我们踏上美食的旅途，当我们品尝那味蕾上的盛宴时，它执着地指引我们去感受食物的妙味，让我们沉浸在美食的狂欢中。还有，在魔幻的音乐之境中，它拉着我们的手，让我们深入旋律和节奏的海洋，感受音符的激荡以及音乐的灵魂之美。

尤为奇妙的是，感觉也像是一位哲学家，教会我们如何认识世界。它以独特的方式勾勒出世界的轮廓，让我们领略到万物的美妙和多样性。感觉是我们获取知识的钥匙，它让我们通过感官去洞察细微之处，从而建构我们对世界的理解。在哲学领域，感觉被认为是认识世界的基础。亚里士多德曾说过："我们通过感官感知世界。"这意味着感觉是我们获取知识、形成观念和判断事物价值的基础。在心理学中，感觉也占据了重要地位，因为它关系到我们对事物的认知、情感和行为反应。

此外，感觉在艺术领域也具有重要作用。艺术家通过感觉来捕捉生活中的美好瞬间，并将这些感受转化为艺术品，使观众能够体验到这些作品中所包含的情感和思想。例如，在绘画中，色彩和线条的感觉使得艺术家能够表达出他们的情感和审美观点；在音乐中，旋律和节奏的感觉使得听众能够感受到音乐所带来的愉悦和激动。

综上所述，感觉与生活是相互依存、相互塑造的。总之，感觉与生活紧密相连，它在我们的日常生活中扮演着重要的角色。从哲学、心理学到艺术领域，感觉都具有重要意义，它使我们能够更好地认识世界、表达情感和创造美好，我们要通过感知生活的美好和意义，培养积极的情感和心态；同时也要通过改善自己的感觉来提升生活的品质。

（三）以感觉之翼，翱翔于日常生活的魅力之中

在生活的舞台上，感觉如同一双轻盈的翅膀，引领着我们探索和体验日常生活中的点点滴滴。这些点滴如同翩翩起舞的蝴蝶，在花丛中翩翩飞舞，将世界点缀得五彩斑斓，为我们呈现出一个充满韵味的生活画卷。在生活的各个方面，感觉都扮演着重要的角色。从吃饭、穿衣到工作、娱乐，感觉无时无刻不在影响我们的决策和行为。了解这种感觉的力量并恰当地运用它，将有助于我们改善日常生活。下面是一些具体的方法，让我们一起来看看吧。

1. 食物体验

通过触摸、嗅闻和品尝食物，我们可以增强对食物的感知体验。每种食物的味道、气味和触感都会引发不同的情绪和记忆。举例来说，触摸新鲜水果会让人感到温暖舒适，美食的香气能唤起人们的食欲和愉悦感。在用餐时，尝试更专注于食物的质地、温度和味道，这有助于提升对食物的享受程度。

2. 色彩选择

颜色对我们的情绪和心情有很大的影响。选择与自己心情相符的颜色，可以帮助我们更好地调节情绪。例如，当你感到沮丧时，选择暖色调，如红色或橙色，可能会帮助你感到更加积极；而当你感到疲惫时，选择冷色调，如蓝色或绿色，可能会帮助你感到更加平静。

3. 音乐陪伴

音乐拥有改变我们情绪的强大力量，它甚至能够影响我们的生理节律。当你处于紧张或疲劳的状态时，适当聆听一些舒缓的音乐，可能有助于减轻压力和紧张感。此外，定期沉浸在您喜爱的音乐之中，不仅能促进身心的放松，还能提升生活品质。

4. 运动体验

运动不仅对增强身体健康至关重要，而且对提升心理福祉也大有裨益。当你经历沮丧或焦虑的情绪时，投身于一些体育活动，如散步、瑜伽或游泳，能够有效地帮助你舒缓压力，并提升你的心情。通过这些活动，你不仅能够唤醒身体的活力，还能增进心理的平衡和福祉。

5. 环境感知

我们的周围环境对我们的感受和情绪有着不可忽视的影响。试着对家居环境进行一些调整，比如更换窗帘、地毯或家具，以此来创造一个更加舒适和温馨的空间。此外，坚持定期清理和整理家居环境，这不仅能保持空间的整洁，还能让人感到更加轻松和愉悦。通过这些小改变，我们可以提升生活的质量，并培养更加积极的生活态度。

6. 时间感知

时间的流逝常常会影响我们的情绪。我们可以尝试通过一些方法改变对时间的感知。其中之一是专注于当下的一瞬间，不被过去或未来的担忧所困扰。另外，尝试冥想和放松练习也有助于减轻时间带来的压力感。通过这些方式，我们能够更好地平衡时间压力，享受当下的美好，提高自我心理素质。

7. 人际交往

与他人的交往是感觉的重要来源。与亲朋好友保持紧密的联系，有助于提高幸福感和生活质量。定期与他们交流，分享生活中的点滴，有助于更好地理解自己和他人，从而更好地应对生活中的挑战。这种互动不仅有助于建立深厚的友谊，还能为我们的生活增添色彩和意义。

8. 自我关怀

关注自身身心健康也是非常重要的。定期进行自我评估和自我关怀可以帮助你更好地了解自己的需求，从而更好地应对生活中的压力和挑战。这意味着要时刻关注自己的身体和心理状态，并采取相应的行动来满足自己的需求。这可能包括定期锻炼、保持良好的睡眠习惯、寻求支持和倾诉，或尝试一些放松和减压的活动。重视自身的身心健康将有助于提升生活的质量和幸福感。

以感觉为翼，我们可以在日常生活中感受到世界的韵动。这翩翩起舞的感觉之舞，让我们在生活的每一个瞬间都能够欣赏到它的颤动与韵律，使我们的生活更加充实、感性和美好。让我们跟随感觉的旋律，在生活的舞台上尽情舞动，留下属于我们自己的独特篇章。

感觉是我们日常生活的重要组成部分，它对我们的决策和行为有着深远的影响。通过应用上述方法，我们能够更好地利用感觉来改善生活。然而，需要记住的是，每个人的感觉都是独一无二的，因此找到适合自己的方法至关重要。希望这些建议能够帮助你在日常生活中更好地利用感觉，提升生活质量。让我们珍惜感觉的力量，使其成为我们生活中的美好伴侣。

三、感受性滋养人

（一）心灵的谛听者，感受性的韵味

人的眼睛等部位不能捕获所有的外部刺激，只有当刺激在一定的强度和范围内才能引起眼睛等部位的反应。这种反映刺激物的感觉能力，被称为感受性。

感受性指的是感官对刺激的敏感度，通常通过刺激量来度量。感受性的度量可以通过感觉阈限来实现，其中包括绝对感觉阈限和差别感觉阈限。

绝对感觉阈限是指能够引起感觉的最小刺激量。当刺激量低于绝对感觉阈限时，个体无法感知到相关的感觉。而当刺激量超过绝对感觉阈限时，个体能够感受到刺激产生的感觉。绝对感觉阈限越低，个体的感受性越高，对刺激越敏感。[1]

差别感觉阈限是指刚刚能够引起两种不同感觉的刺激的最小差异量。

---

① 彭聃龄. 普通心理学［M］. 5 版. 北京：北京师范大学出版社，2019：87-88.

当两种刺激的差异小于差别感觉阈限时，个体无法分辨出两者的不同感觉。当差异超过差别感觉阈限时，个体能够感知到刺激之间的差异。与绝对感觉阈限类似，差别感觉阈限越低，个体的感受性越高。

感受性，作为个体与外界互动时的敏感与反应之度，深刻影响着我们对压力、情绪及外界刺激的应对方式。从心理学的视角窥探，感受性与心理健康紧密相连，如同琴弦与乐章的关系。

高感受性的灵魂，宛如敏感的琴弦，更易被外界的风吹草动所触动，焦虑与抑郁的阴霾或许更易笼罩其心田。而低感受性的个体，则如磐石般稳固，更能抵御风雨的侵袭，维持内心的宁静与平衡。

心理育人者，如同心灵的园丁，悉心关注着每个个体的感受性特质。他们巧妙运用心理干预的技艺，如春风拂面，唤醒个体沉睡的情感，促进个体与他人之间的情感交融，筑牢师生之间的情感纽带。

通过激发感受性，教育者助力个体构建积极的认知架构，推动其认知发展与学习能力的提升。同时，感受性亦是个体自我认知的明镜，通过情感的表达与分享，我们得以更深刻地洞察自己的内心世界，增强自我意识的深度与广度。

因此，在心理育人的征途上，培养和引导个体的感受性，如同点亮其心灵的灯塔，为他们塑造健康、积极的心理素质照亮前行的道路，具有不可或缺的重要意义。让我们携手共进，以专业的视角和温暖的心灵，共同培育出更多具有丰富感受性的心灵之花。

（二）感受身体之舞，舞动生命之歌

"感受"，在这里可以理解为一种深刻而全面的身体与心灵的连接体验。它不仅仅是指用五官去感知外界的刺激，比如看到、听到、闻到、尝到或触摸到的东西，更是指一种内在的、直觉性的，甚至可能是无意识的对自我身体状态、情绪流动以及生命活力的觉知。

第一，感知身体需求。敏锐地感知身体的需求是我们健康生活的重要组成部分。我们的感受性使我们能够及时捕捉到身体发出的各种信号，如饥饿、口渴、疲劳等。通过对这些信号的敏感察觉，我们能够对身体的需要做出迅速反应，保持身体的健康和活力。例如，饥饿感的出现是身体能量需求的表现，及时补充食物可以避免能量耗尽和低血糖，确保身体的正常运作和功能。因此，我们可以更好地照顾自己的身体，维持良好的健康状态。

第二，感知运动效果。感受性在我们的运动实践中扮演着关键角色，它使我们能够细致地感知运动对身体的影响。通过精确地感知心率、呼吸、肌肉疲劳等关键指标，我们能够评估运动的效果，并据此调整运动的强度和形式，以确保运动的有效性。例如，在进行有氧运动时，如果我们察觉到心率异常升高，这可能表明运动过于激烈。在这种情况下，适当降低运动强度就显得尤为重要，以维护心血管系统的健康。通过这样的方式，我们可以更科学地指导自己的运动，使其既能达到锻炼效果，又能保护身体健康。

第三，感知疼痛和病痛。感受性帮助我们敏锐地感知疼痛和病痛的存在，从而及时采取措施。疼痛和病痛是身体发出的警告信号，提醒我们可能存在健康问题。通过敏感地感知疼痛，我们可以及时就医，进行正确的治疗，避免疾病进一步发展。举个例子，如果我们感到胸痛，可能是心脏问题的征兆，我们应该立即就医，以确保自己的健康。

（三）感受心灵之舞，绽放心灵乐章

在心理育人的广阔天地中，感受性扮演着举足轻重的角色。它不仅是连接个体与外界的桥梁，更是塑造健康心理状态的基石。第一，感受性赋予我们感知情绪与心理状态的敏锐触角。通过深刻体察自身的情绪变化，我们能够更加精准地把握自己的情绪需求，进而有效地调节情绪，维护心理健康。在心理育人的过程中，我们鼓励学生们培养自我觉察的能力，让他们学会在心情低落时采取积极的心理调节策略，如寻找支持、参与有益身心的活动，从而培养坚韧的心理品质。

第二，感受性使我们能够更深入地感知他人的情绪和需求。在心理育人的实践中，我们注重培养学生的人际交往能力，通过引导他们敏锐地察觉他人的情绪状态，学会倾听，从而建立起和谐的人际关系。这不仅有助于提升学生的社会适应能力，更能促进他们心理健康的全面发展。

第三，感受性还有助于我们更全面地认识自己的信念和价值观。在心理育人的过程中，我们鼓励学生深入探索自己的内心世界，敏感地感知自己的信念和价值观。通过引导他们做出与内心一致的选择，我们帮助他们建立起坚定的自我认同，从而在面对外界压力和挑战时能够保持内心的稳定和自信。

（四）调整感知，改善生活：唤醒感受力

心理育人，旨在通过深入心灵的引导与培养，使学生们在心理层面获得成长与提升。以下，我将从心理育人的角度，探讨如何通过培养正念、情绪智商、身体活动以及同理心，来提升个体的感受性，从而推动心理健康的全面发展。

首先，强调培养正念的重要性。正念练习如冥想和身体扫描，是心理育人的重要手段。通过引导学生们专注于当下的感受，我们能够培养他们的觉察力，使他们对自身身体和心理状态有更深入的感知。这样的练习不仅有助于学生们更好地理解和响应自己的内在需求，还能在日常生活中培养他们保持身心平衡与和谐的能力。

其次，注重情绪智商的培养。情绪智商的提升是心理育人的关键一环。通过情绪智商的培养，学生们能够增强对自己情绪的理解和调控能力，从而有效应对各种情绪挑战。心理育人鼓励学生们学习情绪管理技巧，如情绪释放和情绪调节策略，以帮助他们建立健康的情绪表达方式，促进情绪的稳定和健康发展。

再次，强调身体活动对感受性的提升作用。通过参与不同的运动方式，学生们能够增强对身体的感知，提高整体身体敏感度。身体活动的参与不仅能够促进身体健康，还能够培养学生们对身体的尊重和关注，使他们更好地察觉和满足身体的需求。

最后，强调同理心的培养。同理心是感知他人情绪和需求的能力，也是心理育人不可或缺的一部分。通过培养同理心，学生们能够更好地理解和帮助他人，建立积极的人际关系，促进个人心理健康的发展。心理育人鼓励学生们在与他人的互动中倾听、理解并关心他人的需求，通过共鸣来提升自己的心理健康水平。

综上所述，育人致力于通过培养正念、情绪智商、身体活动以及同理心，来提升学生们的感受性，促进心理健康的全面发展。这样的育人方式不仅有助于学生们建立健康的心理品质，还能够为他们的未来成长奠定坚实的基础。让我们共同努力，以心理育人为导向，为学生们的心灵成长保驾护航。

四、我的感觉我做主

这里的"感觉"，可以理解为个体对自己内心感受的自主权和主导权。这意味着每个人都有权力和能力去认识、理解并管理自己的情绪、喜好、需求等主观感受，而不是被外界环境或他人的看法所左右。

（一）感知文字之美：阅读中感觉的翩然舞动

在现代社会，阅读已经成为许多人生活的重要组成部分。然而，当我们阅读时，往往只是机械地浏览文字，很少深入了解阅读的内在机制。事实上，阅读的过程是一个复杂的感觉过程，受到心理学的深刻影响。在这篇文章中，我们将探讨如何在阅读中应用心理学知识，以提升阅读体验。

1. 感觉与阅读的关系

感觉是人类接收外部信息的方式，包括视觉、听觉、触觉、嗅觉和味觉等。在阅读过程中，视觉起着主导作用，但其他感觉也会对阅读产生影响。例如，当我们阅读文字时，我们的身体和大脑会根据文字内容产生情绪反应，如紧张、兴奋、平静等。这种感觉反应会影响我们对阅读内容的理解和感受。

2. 感觉在阅读中的应用方向

（1）情绪共鸣：情绪共鸣是指读者与阅读内容在情感层面上产生深刻的共鸣。为了达到这一效果，我们需要深入理解读者的情绪背景和偏好。比如，在阅读情感丰富的文章时，我们应选择那些与读者情感倾向相契合的文字和图片，以此来触动读者的情感，激发共鸣。通过精心挑选和搭配内容的元素，我们可以增强读者的情感体验，使阅读过程更加丰富和有意义。

（2）感知训练：通过训练读者的感知能力，我们可以增强他们对阅读内容的理解和记忆。例如，通过调整文字的颜色、大小和布局，可以影响读者的注意力，进而影响他们的记忆效果。通过这种方式，我们可以帮助读者更好地吸收和理解阅读内容，提高阅读效率和质量。

（3）情景模拟：情景模拟指的是通过模拟真实场景来增强读者的代入

感，从而提高阅读体验。在各类文学作品中，特别是科幻小说中，我们可以通过描述太空探索、未来城市等情境来让读者仿佛身临其境。通过情景模拟，读者能够更加深入地融入故事情节，与角色产生共鸣，使阅读过程更加身临其境、引人入胜。这种技巧能够激发读者的想象力和创造力，使阅读变得更加生动有趣，增强阅读体验的深度和广度。

3. 具体应用案例

（1）视觉设计：在书籍设计方面，我们可以运用心理学知识来提升阅读体验。通过调整文字大小、颜色和排版，我们可以吸引读者的注意力，使其更加专注于阅读内容。同时，利用图片和图表可以增强信息的直观性和理解度。通过这些设计手法，我们可以提高阅读体验的互动性和吸引力，使读者更愿意投入时间和精力阅读，并增强对内容的理解和记忆。因此，在书籍设计中运用心理学知识具有重要意义，可以为读者带来更加愉悦和丰富的阅读体验。

（2）多媒体阅读：随着科技的进步，多媒体阅读已经成为一种趋势。结合文字、图片、音频和视频等多种媒体形式，我们可以创造出生动有趣的阅读环境，吸引读者的注意力。通过多媒体的运用，我们能够为阅读内容增添立体感和互动性，使读者更加投入和享受阅读过程。文字传达信息的同时，图片、音频和视频等媒体形式能够以更直观、丰富的方式展示内容。这样的阅读体验不仅能够提高阅读的吸引力，还能够增强对内容的理解和记忆效果。因此，多媒体阅读在数字化时代具有重要的意义，成为现代阅读趋势的一部分。

（3）个性化推荐：利用心理学知识，我们可以根据读者的兴趣和需求提供个性化推荐。通过分析读者的历史阅读数据和行为特征，我们可以为每位读者提供符合其口味和需求的书籍和文章。

总之，通过了解感觉在阅读中的作用和运用心理学知识，我们可以提高阅读体验，增强读者对阅读内容的理解和记忆。通过视觉设计、多媒体阅读和个性化推荐等手段，我们可以为读者创造一个愉悦、有趣的阅读环境。在未来的阅读领域中，我们期待看到更多对心理学知识的应用，为读者带来更好的阅读体验。

我们不难发现，阅读不仅仅是文字信息的简单接收，更是一次心灵深处的旅程。当我们深入理解感觉在阅读过程中的作用，并巧妙地运用心理学知识时，阅读便不再仅仅是获取知识的过程，而是成了一次心灵的滋养与成长。

通过精心设计的视觉元素、多媒体的交互体验以及个性化的内容推荐，我们能够为读者创造一个既愉悦又富有启发性的阅读环境。在这样的环境中，读者不仅能够更好地理解和记忆阅读内容，更能在无形中提升自我认知、增强情感共鸣，实现心理层面的成长与蜕变。

展望未来，我们期待看到更多心理学知识在阅读领域的应用，让阅读成为每个人心灵成长的良师益友，为读者带来更加丰富、深刻的阅读体验。

（二）探索感觉在运动中的灵动应用：激活身心共舞的旋律

1. 感觉与运动的联系

感觉与运动之间的联系是一个深邃而又神秘的领域，它涉及人类身体和心理的复杂互动。从生理学的角度来看，感觉是我们接收外界信息的一种方式，而运动则是我们对这些信息做出的一种反应。然而，感觉和运动之间的联系并不仅限于生理学层面，它还涉及了心理、情感和认知等多个方面。

首先，感觉与运动之间的联系在运动表现和技能提高中起着至关重要的作用。在进行运动时，我们需要通过感觉来感知自己的身体状态、环境的变化以及运动过程中的反馈信息。这些感觉信息能够帮助我们调节动作、掌握力度和节奏，从而提高运动表现和技能水平。

其次，感觉与运动之间的联系还涉及心理和情感方面。在运动中，感觉可以影响我们的情绪和心理状态，从而影响我们的运动表现。例如，当我们感到疼痛或疲惫时，会影响我们对运动的积极性和投入度；而当我们感到愉悦和兴奋时，会提高我们的运动表现和动力。此外，从认知心理学的角度来看，感觉还与动作的计划、执行和控制有着密切的联系，它可以影响我们的动作选择、决策和反应速度。

最后，感觉与运动之间的联系还涉及身体和心灵的平衡。在运动中，通过感觉来感受身体的运动和力量，可以让我们更加专注于当下，减轻焦虑和压力，提高自我意识和自我控制。同时，通过运动释放出的内啡肽等化学物质也可以帮助缓解疼痛和改善情绪，让我们感受到身心的愉悦和放松。

总之，感觉与运动之间的联系是一个复杂而又多维的话题，它既涉及生理学和心理学，又涉及情感和认知等多个方面。了解和掌握感觉与运动之间的联系，不仅有助于提高运动表现和技能水平，还可以帮助我们更好地调节情绪，保持身心健康。希望人们能够更加重视这一领域的研究和实践，让感觉与运动之间的联系成为我们生活中的一部分，让身体和心灵得到更好的平衡和发展。

2. 感觉在运动的具体应用

身体感知：

运动员通过感觉器官感知身体的状态，如肌肉的紧张程度、关节的角度、身体的平衡等。这种感觉信息对于运动员调整技术动作、预防运动损伤具有重要意义。例如，在跑步时，运动员需要依靠身体感知来判断步幅的大小、脚步着地的力量以及身体的姿态，从而调整跑步技术，提高运动效率。

（1）提高运动技能和动作控制。身体感知能够帮助个体更准确地感知自己的身体状态和动作，从而提高运动技能和动作控制。通过感知身体的姿势和运动的质量，个体可以做出相应的调整，并有效地优化运动表现。

（2）增强协调性和平衡能力。良好的身体感知能够帮助个体更好地感知自己的身体平衡和位置，从而提高协调性和平衡能力。通过感知身体的位置和运动的变化，个体可以更好地调整身体姿势，保持稳定的平衡状态。

（3）提升自信和自我效能感。身体感知不仅影响着运动技能，还与个体的心理状态密切相关。通过良好的身体感知，个体可以更准确地感知自己的身体能力和动作执行情况，从而增强自信和自我效能感知。

运动感知：

运动感知是指个体对自身运动状态的感知和认识。在运动中，运动员需要依靠运动感知来判断自己的速度、方向、距离以及与对手的位置关系。

（1）提高运动技能和准确性。运动感知能够帮助个体准确感知和理解运动信息，从而提高运动技能和准确性。例如，在篮球运动中，良好的运动感知能够帮助运动员更准确地判断传球和投篮的角度和距离。

（2）增强决策能力和反应速度。运动感知对个体的决策能力和反应速度有着显著影响。通过对自己和对手的运动信息进行快速和准确的感知，个体能够更快地做出决策并做出适当的反应。

（3）提升协调性和灵活性。运动感知还与个体的协调性和灵活性密切相关。良好的运动感知能够帮助个体更好地控制和调整自己的运动动作，提高身体的灵活性和协调性。

运动感知作为一种复杂的心理现象，对运动表现产生重要影响。通过提高运动技能、增强决策能力和反应速度，以及提升协调性和灵活性，运动知觉在运动训练和比赛中发挥着关键作用。通过运用运动知觉技巧和培养积极的运动知觉状态，运动员可以更好地发挥自己的潜能，提高运动表现。

心理暗示：

心理暗示是指个体通过语言、想象等方式对自己的心理活动施加影响的过程。

（1）提高自信和自我效能感。心理暗示通过积极的自我对话和肯定，可以帮助运动员建立自信心和提高自我效能感。当运动员相信自己能够成功完成任务时，他们更有可能发挥出最佳水平。

（2）减轻紧张和焦虑。心理暗示可以帮助运动员减轻比赛中的紧张和焦虑感。通过积极的心理暗示，运动员可以更好地控制自己的情绪，集中注意力，并提高应对压力的能力。

（3）提高专注力和动力。通过积极的自我对话和目标设定，运动员可以更好地集中精力，并保持高度的动力和激情。

心理暗示是一种强大的心理技巧，对运动员的运动表现产生显著影响。通过积极的自我对话和肯定，心理暗示可以帮助运动员提高自信和自我效能感，减轻紧张和焦虑，提高专注力和动力。在运动训练和比赛中，运动员可以运用心理暗示技巧来提高自己的表现，并培养积极的心理状态。

总的来说，感觉在运动中发挥着举足轻重的作用。它不仅是身体状态的反映，更是心理状态的体现。这种感觉的提升不仅能提高我们的运动表现，还能增强我们的自信心和自我认知能力。因此，我们应该重视感觉在运动中的应用，通过科学的方法来提高我们的感觉水平。

首先，我们需要了解自己的身体状况和心理状态，以便更好地调整自己的运动计划和训练方式。其次，我们需要注重感觉的积累和练习，通过长时间的实践来提高自己的感觉水平。最后，我们需要学会运用感觉来调整自己的心态和情绪，以便在平时运动和比赛中保持冷静和专注。

总之，感觉在运动中具有不可替代的价值。它不仅是身体状态的反映，更是心理状态的体现。通过科学的方法来提高我们的感觉水平，我们可以更好地应对各种挑战和困难，从而在运动中取得更好的成绩。

在运动中，感觉至关重要。它既是身体的反馈，也是心灵的映照。提升感觉，不仅助力运动表现，还增强自信与自我认知。想要深入了解自身，根据身体和心理状态调整运动计划，就要不断实践和积累，提高感觉敏锐度，锻炼耐心与毅力。同时也要学会运用感觉调整心态与情绪，保持冷静与专注。这样，我们在运动中不仅能取得佳绩，还能实现心理的成长与蜕变。

第二章

认识世界用情引导：树立正确三观

实例引入：刀片能解决我的情绪

小 D，女，20 岁，独生女，父母离异并各自组建了新家庭，父母都没有小孩，她两边都住。她因为自残，在家长和学校的介入下来做咨询，来咨询前已经因为心理问题休学一个学期，学校不知道情况，复学时发现自残行为介入。

小 D 认为第一次咨询没有什么帮助，觉得都是废话。主要家庭成员有爸爸、妈妈，后爸，后妈，妈妈爸爸在她 2 岁的时候就离婚了。

小 D 小时候一直跟奶奶生活长大。小学在奶奶家度过。初中爸爸妈妈开始商量他们自己带，基本住在爸爸家，感觉很平淡，好像初中就开始有自伤行为——用石头割手腕。高中开始住在妈妈家，高二谈过一次恋爱，期待被男朋友照顾和宠爱，但是事实上是小 D 总在照顾男朋友的喜怒哀乐，高三前她觉得痛苦就分开了。大学期间不开心自残，以胃炎的理由瞒住学校休学了，休学期间住院治疗，住院期间吞过 20 片药片，复学时再次被发现自残，吃得比以前多，一顿四五个包子什么的。

小 D 很敏感，不喜欢自己，回避亲密人际，有事她自己扛，情绪非常容易受亲密关系的影响，对亲密关系的占有欲和控制欲比较强，表面上很阳光，内心缺乏安全感和温暖。她不会跟关系一般的人说心里的不开心，跟爸妈也不说，男女亲密关系中会说，但如果负能量影响了对方就会回避不说。其他一般性的人际交往没有障碍，善于交际，关系还不错。

分析：小 D 的人际交往没问题，不管是技巧，还是勇气，都没有问题。

有问题的是她的情绪表达无处释放，很难去述说情绪，她从小的环境让她发展出了不能有情绪，情绪这种东西危险，亲人都会因此离她而去，应该屏蔽掉才安全的观念，所以她从不敢表达或者表现情绪，但客观上情绪在那里，人就是有七情六欲，不可能消除。尝试了努力寻找亲密关系的帮助，也尝试了艺术的表达，但都不成功，最后走上了自残的路并逐渐形成依赖，觉得这东西简单，好操作，不用求人，成本很低就能解决问题。

小 D 用刀划自己的手腕，站到危险的高桥边上，用牙齿咬自己，不喜欢自己，与关系亲密的人发生一点矛盾就可能情绪不好，不会去向关系一般的人表达她自己的感受，回避跟妈妈相处，不是表达情绪，而是通过自伤和吞药引起家人的关注。

分析：小 D 的核心信念是源于童年的知觉，童年看到大人之间的冲突和情绪张力，觉得很可怕，这是一个脆弱的孩子对这个家庭最初的知觉。她跟父母没有发展出安全的依恋，不亲密，也不会说不开心的事，生怕说了父母就消失了。跟奶奶也不能说太多，奶奶可能没有办法照顾到她，说多了怕在奶奶家待不下去。她只能让自己发展出朴素的人与人之间的相处模式，要让重要的人开心，自己要懂事，不麻烦他们，不欠他们太多。她很愿意去照顾自己看重的人，包括父母。但她自己的情绪没有出口，有什么委屈都是靠她自己扛和忍，认为忍忍总会过去。

小 D 由奶奶一手带大，但奶奶还有堂妹妹要带，她不愿意奶奶担心和受累。亲子关系质量一般，表面上没冲突，但不愿意与父母亲近，没有建立很好的亲子依恋关系。父母从小不停地各自找对象，生活不安定，她还曾帮助和安慰感情上受骗上当的父亲，母亲则经常带她见不同的叔叔。父母的无暇顾及，使得她从小就乖巧懂事，有什么事，有什么不开心基本都是自己默默地消化，不想麻烦别人。但是，实际上她内心很想当公主，被照顾，被宠爱，但是没有努力去向外界争取，去表达，当然也没有合适的人选去满足她。这种内心的向往和冲突一直没有得到很好的解决。

分析：小 D 的情绪问题一直都存在，只不过被大学这个新环境进一步诱发了。初中就有自残行为，高中有加重迹象，父母没在意，试图通过恋爱关系来自救，但是事与愿违，第一段恋爱高二分手，大一来到新环境，又刚分手，情感的寄托失败了，情绪一度很差，主动跟父母提出休学一年住院治疗，一直服用抗抑郁药物治疗，复学时情绪障碍还是没有得到根本上的缓解，再次出现自残行为，被室友发现报告心理老师请求帮助。童年形成的对情绪的知觉模式一直影响着她，对情绪的理解，对情绪问题处理方式的选择，以及对情绪屏蔽的恒常性，她自动化的反应就是回避不说，没有人推一把很难有突破，情绪问题就得不到缓解。

小 D 会按预约的时间准时来访，对咨询师比较信任，能尽可能清晰地表达全面的情况，父母和她对自己的评价都是比较懂事，不用操心，很好养，从不提要求，说什么都好。她认为对自己喜欢的人好，让自己喜欢的人开心，是一种生活的寄托。但在情绪方面，她的情绪比较不符合她讲的常理，她讲的都是不开心的事情，但是讲的过程轻描淡写，面带笑容，多次说到她自己过得还可以。第二次来的时候，她自述表面阳光，内心不开心。在行为方面，她没有明显的紧张和回避动作，交流过程有目光交流，坐姿随意，比较轻松。有问必答，自然轻松，语气平和。这些交往技能都不是问题，有问题的还是对情绪的调节。

小 D 找不到把自己当公主的人有点沮丧。感觉活着没有寄托，总想找感情寄托，不是找得不对，就是找不到，很难维持一段亲密关系。高中谈恋爱，感觉付出很多没有回报，分手后情绪一度不好入院治疗。大一情绪波动导致自残休学治疗，大二再次自残被发现后，担心学校开除自己开始治疗。她跟父母各自组建的新家庭都一起生活，但是关系都不是很亲密。相反，她一直是奶奶带大的，以前不跟奶奶说痛苦，怕奶奶担心，现在能跟奶奶说说心里的苦恼了，奶奶却评价她是内向的。

分析：小 D 的情绪表达一直有障碍，她说自己的经历更像在说别人的故事，完全隔离了情绪，最终情绪的动力就会流向自残的行为，因为这样，她就可以完美地避开亲子关系或者抚养关系。

在咨询的后期，她领悟到她需要温暖，需要关心，而表面的阳光是装出来的，只是找不到合适的满足方式。（重要时刻）妈妈多次谈到小 D 的变化，小 D 也多次反馈她的情况有很大转变，咨询期间自伤行为没有出现过，自伤冲动出现过很多次，有一次怕控制不住就请假回家，转移了她的情绪。到现在，一直没有自伤过，偶尔有情绪，也能处理好，但主要还是靠忍和写小说，尝试过走到危险的高桥边，咨询师提供过一些替代方法，但没有实施。

分析：小 D 跟家人互动有一些行为的突破，但是在咨询中，好像始终都没有情绪的表达，都像在讨论别人的事情，这种感觉一直在心理咨询师心中，有点无法突破的感觉，情绪很难出来，仅仅在讲到奶奶被爷爷欺负时哭了。

咨询中咨询师也感觉不出小 D 明显的关系控制，发现了一个规律就是亲密关系的开始都是被动开始的，但结束一定是主动决绝的，这可能算关系的掌控。她的主要问题感觉是依恋的发展问题，小时候爸爸妈妈的人际冲突，关系回避这些行为一定影响了小 D，爷爷奶奶的关系冲突和抚养方式又让小 D 不敢去表达自己的情绪，只有变得更乖才能生存下去。

在小 D 从小的生活环境中，充满着回避和冲突的声音和行为，这些她既没有能力控制，也没有水平理解，但是一定有知觉，她从孩童的视角知觉到这个环境不安全，不能冲突，只能回避，所以塑造了自己的应对模式，加上寄人篱下，没有人耐心开导和陪伴其成长，凭借一个孩子的幼稚思维封闭了自己的情绪和情感。上述这些因素之下，青春期来临时，她没有办法平衡身心发生的巨大变化，只能通过自残来缓解，觉得这种方式既经济便捷又不麻烦别人。

所以知觉的形成很重要，对我们的健康起着很重要的作用，生活中的心理建设离不开知觉知识。

知觉不仅是人类理解世界的起始，也是认识过程的初级阶段。人们可以在感知的基础之上，进行更高级的心理活动，从而实现感性认识向理性认识转变的飞跃。

在上述案例中，小 D 处于一个充满冲突的家庭环境当中，年龄尚小的她知觉到了父母之间的冲突与爷爷奶奶之间的冲突，整个童年期也没有正常的亲密关系引导她的成长，导致无法正确知觉自己的亲密关系，最终在回避和控制亲密关系中逐渐形成了一套不恰当的应对模式。可见，知觉对人的发展有着不可忽视的重要作用。

人通过感官得到了外部世界的信息，这些信息经过头脑的加工，产生了对事物整体的认识，并了解它的意义，就是知觉。① 换句话来说，知觉是

---

① 彭聃龄. 普通心理学 [M]. 5 版. 北京：北京师范大学出版社，2019：140 - 141.

客观事物直接作用于感官而在头脑中产生的对事物整体的认识。知觉是以感觉为基础的，但它并不是简单地将零碎感觉用"胶水"黏合在一起，知觉不等于各个感觉的总和。

本章要讨论的就是知觉这种心理现象。在心理学的研究中，知觉是一个十分值得深挖的话题，也有许多关于知觉的经典实验，首先我们讨论沃克和吉布森（R. D. Walk & E. J. Gibson）视崖实验和马塞尔（Marcel，1983）斯特鲁普启动实验；接着简要介绍如何利用知觉提高生活质量，包括知觉与生活、知觉与情绪、知觉与认知和知觉与社会交往等；然后讨论理解与育人的关系以及知觉的应用；最后我们将介绍知觉与疾病预防，如何通过科学健康的生活方式提高我们的知觉能力。

一、深度知觉与无意识加工的奥秘：经典实验的育人启示

在心理学的研究过程中，知觉组织和解释感觉信息的方法一直是心理学家们所关注的重点。就知觉是否存在于意识层面，心理学家指出了两条道路：一条路线是可以清楚地意识到时间序列和空间关系的时间知觉与空间知觉，波佩尔（Poppel，1985）促声融合实验与沃克和吉布森的视崖实验都是该路线较为经典的实验；另一条路线是涉及无意识层面加工的无觉察知觉，韦斯克兰茨（Weiskrantz，1986）提出的盲视与马塞尔的斯特鲁普启动实验是该路线的经典实验。①

在本节，我们将着重介绍视崖实验与斯特鲁普启动实验，让我们一起走进知觉的实验世界，从中汲取育人的智慧光芒。

（一）视崖实验：勇气的启蒙课

想象一下，一个充满好奇的小婴儿站在"悬崖"边，面对未知的深度，是选择勇敢前行还是谨慎止步？沃克和吉布森的视崖实验，以这样一场无声的考验，揭示了深度知觉的奇迹。这不仅是对婴儿本能智慧的探索，更是对勇气与智慧的双重颂歌。

视崖实验要研究的是知觉中最具魅力的一个研究领域——深度知觉，

---

① 郭秀艳. 实验心理学 [M]. 北京：人民教育出版社，2019：321 – 323.

它涉及了人如何将视网膜接收到的二维投影加工成三维信息的神奇能力。有研究表明，深度知觉在某种程度上是后天形成的。但吉布森和沃克的理论从深度知觉的生态学意义出发，支持深度知觉的直接性。举个生活中的例子，如果我们在走路时不能判断前方障碍物离我们有多远，我们就有可能撞到障碍物。因此，也有研究者认为，即使是没有后天经验的人也具备深度知觉。

在该实验中，为了排除后天经验对实验的影响，吉布森和沃克选择了6个月到14个月大的婴儿作为研究被试。新的问题也随之出现，这个年龄段的婴儿既不具备言语能力，无法将言语报告作为实验的因变量，也不具备自我保护能力，又要如何避免障碍物的危险，顺利进行实验呢？

吉布森和沃克二人考虑到实验的难度，于是设计了一种实验仪器——视崖（visual cliff）。如图2-1，在一张高为4英尺的桌子上放置一块厚玻璃，厚玻璃分为透明的和不透明的两部分，紧贴不透明的半边玻璃下有一层红白格子的布，此为"浅滩"，而在距另一半透明玻璃4英尺的地面同样放置一块红白格子的布，此为视崖。由于有着厚玻璃的阻隔，这一仪器可以防止被试从"悬崖"上掉下去。

图2-1 视崖实验①

① 吴梦丹. 深度知觉是天生的吗？——吉布森与沃克的视崖实验［EB/OL］.（2022-01-22）［2024-02-09］. https://mp.weixin.qq.com/s/v_hVuzjZUZD03P47CKT69w.

在实验中，主试者会将婴儿放在视崖的正中间，同时要求他们的母亲站在视崖端或"浅滩"端呼唤他们，观察他们是否会向视崖方向或"浅滩"方向前进。由于该实验的自变量为视崖的深浅，它有视崖与"浅滩"两个水平，因变量为婴儿爬向视崖边缘的结果，也有爬与不爬两个水平。自变量和因变量都为离散变量，所以需要定性研究。

实验结果显示，在 36 名被试中，有 9 名被试拒绝离开视崖的中间地带；当母亲站在"浅滩"端呼唤被试时，有 27 名婴儿都爬向"浅滩"；而当母亲站在视崖端时，只有 3 名被试爬向了视崖，并且是在极度犹豫的情况之下做出的选择，即使母亲以敲击玻璃的方式示意玻璃的坚固性，其他的被试仍然不愿意爬过来。显然我们能看出，这些婴儿已经能够感知到视崖的深度。

虽然证明知觉是纯粹直接性还是先天性的实验实施起来几乎是不可能的，但在此我们不进行深入探讨。吉布森和沃克将实验结果解释为深度知觉的生态学意义，某种意义上也从一个侧面验证了深度知觉的先天性。

这启示我们：在成长的道路上，孩子们同样会面临无数个"视崖"。作为教育者，我们应鼓励孩子们勇于探索未知，同时也要教会他们谨慎评估风险，学会在勇气与智慧之间找到平衡。正如实验中的婴儿，他们虽年幼，却已懂得依据直觉判断安全与危险，这份能力值得我们每个人珍视与培养。

（二）斯特鲁普启动实验：潜意识的魔法

斯特鲁普启动实验是心理学家马塞尔·普鲁斯特（Marcel Proust）采用启动形式对斯特鲁普效应进行改进而得到的。斯特鲁普启动实验，像是一场关于潜意识的奇妙魔术。它告诉我们，即便在未被明确意识到的情况下，我们的心灵仍在默默工作，影响着我们的判断与行为。这种无形的力量，既令人惊叹，又引人深思。

斯特鲁普效应是指优势反应对非优势反应的干扰。例如，当要求被试回答有意义字体的颜色时（如红色的"blue"），回答字本身的意义（"blue"）为优势反应，而回答字体颜色（"红色"）为非优势反应，若字体颜色与字意不同，被试往往会反应速度下降，出错率上升。

研究者们依据斯特鲁普报告的实验进行了程序拓展，他们在实验中设置了中性条件（如红色的"house"）、单词意思和单词颜色一致条件（如蓝

色的 "blue"）、单词意思和单词颜色不一致条件（如蓝色的 "red"）。

结果发现，当单词意思和单词颜色一致时，被试报告速度要快于中性条件；反之，当单词意思和单词颜色不一致时，被试报告速度慢于中性条件。

启动效应（priming effect）是指因近期与某一刺激接触后，对与之相关的刺激进行加工时变得容易的效应。

马塞尔在此基础上进一步对实验进行优化，通过在启动词之后呈现掩蔽刺激（如无序的字母图案）的形式来操纵被试对启动词的觉察状态。而调节被试对启动词的觉察状态最关键的因素便是启动词与掩蔽刺激两者间的间隔，间隔越小，掩蔽效果越好，被试对启动词的觉察水平越低；反之则导致掩蔽效果变差，被试对启动词的觉察更为准确。

马塞尔的实验材料包括四个颜色启动词（"红""黄""绿""蓝"）、四种颜色的单词（"红""黄""绿""蓝"）、三个中性词（"水""类""咳"）。马塞尔在实验中通过控制启动词与掩蔽刺激的间隔时长区分觉察条件与无觉察条件。在觉察条件下，两者间隔时长为 400 毫秒；在无觉察条件下，两者间隔时长由主试者事先单独测定：如果被试在某间隔时觉察到启动词出现的概率不高于 60%，该间隔就为无觉察条件下启动词与隐蔽刺激两者的间隔时长。

实验者根据实验程序做出了以下推理：如果被试没有觉察到启动词，而启动效应仍然存在，则证明知觉能够发生在无觉察状态下；反之，如果在被试觉察到启动词时才发生启动效应，则证明知觉在意识觉察下发生。

实验结果表明，在被试对启动词无觉察的情况下，启动效应仍然发生了。据此，马塞尔认为对意义的知觉可以不通过觉察，他在正常被试身上发现的无觉察知觉证据也开了无觉察知觉认知研究之先河。

在日常生活中，我们的许多行为和决策都受到了潜意识的影响。作为教育者，我们应引导学生认识到潜意识的巨大作用，教会他们如何更好地管理自己的思维与情绪，让潜意识成为助力而非阻力。同时，也要鼓励学生培养自我觉察的能力，学会倾听内心的声音，让意识之光照亮潜意识的每一个角落。

视崖实验与斯特鲁普启动实验，不仅是对心理学原理的深刻揭示，更是对人性光辉的颂扬。它们提醒我们，每个人的心灵都是一座宝藏，等待着我们去发掘、去珍视、去引导。在育人的道路上，让我们携手前行，用心灵之光照亮孩子们的成长之路，让他们的心灵在探索与成长中绽放出最耀眼的光芒。

二、事实不重要，认识更重要

我们知道，知觉是直接作用于感觉器官的客观物体的整体在人脑中的反映。它就像一个超级英雄，具有卓绝的特异功能，可以用各种感觉器官去探知周围的环境，把看到、听到、碰触到的信息都收集起来。以苹果为例，我们不仅知道它的颜色、形状，还能想象到它的味道，同样可以把它与其他东西（如红球）区分开来，知道它对人体有益，这是因为知觉帮助我们刻画出了苹果的整个形象。

在生活中，知觉可是个大忙人！例如你在开车的时候，它就像一个超级守护者，帮你注意着路况，感受着车辆的状态，让你得以安全行驶。它时刻都在保护着你的安全，让你能够放心大胆地享受驾驶的乐趣。在与他人交谈时，知觉就像是一个超级翻译官，识别对方的言语、感知对方的情绪，甚至与表达者产生共情……知觉都在沟通扮演着超级角色的作用。它能够准确地解读对方的微妙变化，让你在交流中更加自如，更加愉快。

看似鸡零狗碎的事情，知觉像运输系统里起作用的交通枢纽，将错综复杂的感觉串联，去形成对事物的整体认识。不知道大家有没有注意到一个有趣的感觉：四季里，同样是15℃的春天和秋天，人体对两者的感觉却有不同，春天感觉秋裤穿不住了，而秋天也许会觉得刚刚好。若从心理的角度来解读，这就是知觉在"作祟"。

你看，春天不顾人间的一切悲喜，五颜六色，姹紫嫣红，欢天喜地，真是春色满园关不住。人的气血和能量像花开似的蔓延至表皮，心里充满着蓬勃的能量，顺应天地发生之气，这也许就是为什么大多数人会选择在春天放风筝，其实什么季节都可放，但春天就是不一样，春天的心就是火热奔放的。

你看，秋天是"秋风扫落叶"，是枯藤老树昏鸦，小桥流水人家，古道西风瘦马……一股肃杀之气，不适合户外活动，开始收敛阳气和能量，为保护自身，心理上不会想和天气作对，秋天的心就是冷却闭藏的。

再比如说"肺癌"这个概念一出，很多吸烟人士会选择不抽烟或减少抽烟次数，我们的认知会警告我们"癌"会对日常生活和自身健康造成重要影响，这激起了心里的涟漪。就像我们助人者的心理，从刚刚开始春天般的热情，到慢慢秋天般的理性，从接到个案的欣喜到孤单的守望，人还是那个人，就像天气仍然是15℃，但人们对"冷"的感知却不同，其实是心理发生了觉察、成长、变化而已！

知觉作为我们感知和理解世界的主要方式，具有一系列独特的特性①，这些特性不仅决定了我们如何认识世界，更与我们的日常生活息息相关。在本节中，我们将介绍知觉与生活的关系，让我们一起走进知觉的美妙世界吧！

在日常生活中，知觉一直扮演着至关重要的角色。它是人类与世界互动的基础，是我们理解、解释和回应周围环境的关键方式。从醒来的那一刻起，我们的知觉就开始工作，帮助我们感知光线、声音、气味和触感，使我们能够理解我们所处的环境和情境。

（一）知觉：生活的调色板

当我们睁开眼睛，看到五彩斑斓的世界时；当我们闭上眼睛，听到悠扬的歌声时；当我们轻轻触摸，感受到物体的质地时；当我们品尝美食，沉醉于那独特的味道时；甚至当我们深吸一口气，闻到空气中的清新或香气时——这些都是我们的知觉在为我们描绘生活的画面。

我们的知觉系统就像是一个高超的调色师，它巧妙地将来自不同感觉通道的信息融合在一起，为我们绘制出一幅幅生动的生活画卷。想象一下，如果我们的知觉系统突然失效，世界会变得如何？我们将无法看到美丽的风景，听不到动人的音乐，尝不到美食的滋味，甚至可能连走路都会变得困难，因为我们失去了对周围环境的感知。

在日常生活中，知觉的作用无处不在。比如，当我们走进一家餐厅，首先吸引我们的往往是那诱人的香气。嗅觉的感知让我们知道哪些食物是

---

① 彭聃龄. 普通心理学［M］. 5 版. 北京：北京师范大学出版社，2019：160.

新鲜的，哪些调料是恰到好处的。而当我们坐下来品尝时，味觉则帮助我们判断食物的咸淡、酸甜。同时，视觉也在发挥着作用，我们看到食物的色彩、形状，甚至是摆盘的艺术，这些都影响着我们的食欲和用餐体验。

再比如，当我们在超市购物时，知觉同样发挥着不可或缺的作用。视觉帮助我们识别商品的包装和标签，而听觉则可能引导我们找到想要购买的商品，比如听到促销员的叫卖声或是商品的广告。触觉则在我们拿起商品时发挥作用，它告诉我们商品的质地、重量等信息。而所有这些信息都被我们的大脑整合，形成对商品的全面认知，从而影响我们的购买决策。

除此之外，知觉在社交中也有着重要的应用。比如，当我们与人交流时，视觉会观察对方的表情、肢体语言，听觉会捕捉对方的语气、语调，甚至嗅觉也可能感知到对方身上的气味。这些信息都会被我们的知觉系统整合，形成对对方情绪和态度的判断，从而影响我们的交往方式和策略。

不仅如此，知觉还在我们的学习和工作中发挥着重要作用。比如，学生在上课时，需要通过视觉、听觉等感知方式接收老师的授课内容，而这些信息需要被整合并存储在大脑中，以便于日后的复习和应用。在工作中，知觉同样帮助我们感知和判断工作环境、设备状态、同事的沟通方式等，从而帮助我们更好地适应和完成工作。

总的来说，知觉就像是我们生活的调色板，它为我们描绘出五彩斑斓的世界，让我们能够全面、深入地感知和理解这个世界。而了解知觉的原理和作用，不仅可以帮助我们更好地应对生活中的挑战，也可以让我们更加珍惜和欣赏生活中的美好。因此，让我们一起探索这个奇妙的知觉世界吧！

（二）知觉与情绪：情感的调色师

你是否曾在清晨醒来，被窗外明媚的阳光照得心情愉悦？或是在雨夜听到一首忧伤的旋律，突然感到一丝莫名的忧郁？这些都是我们的知觉与情绪在无形中相互作用的例子。知觉，就像是一扇窗户，让我们感知到外界的刺激；而情绪，则是这些刺激在我们内心引发的化学反应。它们共同构成了我们丰富多彩的情感世界。

想象一下，当你走进一个美丽的花园，看到五颜六色的花朵在阳光下绽放时，你会不自觉地感到愉悦和放松。这是因为你的视觉知觉捕捉到了这些美丽的色彩和形状，而大脑则将这些信息转化为积极的情绪体验。同样地，当你闻到烤面包的香味，你的嗅觉知觉会传递这一信息给大脑，引发你对美食的渴望和满足感。

然而，知觉与情绪的关系并非总是如此和谐。有时候，知觉到的刺激可能会让我们感到不适或不安。比如，当你身处一个嘈杂的环境中，不断的噪声刺激可能会让你的情绪变得烦躁和焦虑。或者，当你看到一部恐怖电影中的紧张场景时，你的视觉知觉会将这些刺激传递给大脑，引发恐惧和紧张的情绪反应。

除了直接影响我们的情绪，知觉还在很大程度上塑造着我们的行为和决策。有时候，我们会在不知不觉中受到知觉的影响，做出一些看似合理但实际上并不明智的选择。比如，在购买商品时，我们往往会被包装精美、色彩鲜艳的产品所吸引，而忽略了它们可能并不符合我们的实际需求的事实。这是因为我们的视觉知觉被这些外在因素所干扰，导致我们做出了情绪化的决策。

因此，了解知觉与情绪之间的关系对于我们来说至关重要。它可以帮助我们更好地理解自己和他人的情感反应，提高我们的情绪调节能力，使我们能够更好地应对生活中的各种挑战和压力。

那么，如何在日常生活中应用这些知识呢？首先，我们可以通过培养自己的感知能力来提升自己的情绪管理能力。比如，在面对压力时，我们可以尝试通过深呼吸、冥想或瑜伽等方式来平静自己的情绪，让自己的知觉更加敏锐和清晰。这样，我们就能够更好地感知到自己的情绪变化，从而做出更加明智的决策。

其次，我们可以通过调整自己的知觉输入来改善自己的情绪状态。比如，在感到焦虑或烦躁时，我们可以尝试去一个安静舒适的地方，让自己的视觉、听觉等知觉得到放松和舒缓。或者，在感到沮丧或失落时，我们可以听一些欢快的音乐或看一些喜剧片来提升自己的情绪状态。

此外，了解知觉与情绪之间的关系还可以帮助我们更好地理解他人的情感反应。在与他人交往时，我们可以更加关注他们的表情、语气和肢体语言等知觉信息，从而更好地理解他们的情绪状态和需求。这样，我们就能够更加有效地与他人沟通和交流，建立更加和谐的人际关系。

最后，值得一提的是，知觉与情绪之间的关系并非一成不变。随着我们的成长和经历的不同，我们的知觉和情绪也会发生相应的变化。因此，我们需要不断地学习和探索，以更好地理解和应对生活中的各种挑战和变化。

（三）知觉与认知：智慧的火花

知觉不仅仅关乎我们的情感体验，它与我们的认知能力和智慧也紧密相连。在我们的日常生活中，知觉像是一盏明灯，照亮了我们认识世界的道路。

当我们走进一家书店，浏览书架上的书籍时，我们的视觉知觉帮助我们捕捉到书的封面、标题和作者等信息。而我们的认知能力则开始对这些信息进行加工和解读，帮助我们理解书籍的主题、内容和价值。这样的知觉与认知的结合，让我们能够筛选出适合自己的读物，丰富我们的知识和视野。

同样，当我们在课堂上听讲或参加一场讲座时，我们的听觉知觉帮助我们捕捉到讲师的声音、语调和语速等信息。而我们的认知能力则对这些信息进行解码和理解，帮助我们把握讲座的重点、思路和观点。这样的知觉与认知的互动，让我们能够更好地学习和吸收新知识。

不仅如此，知觉还影响着我们的记忆和注意力。当我们遇到重要的信息或刺激时，我们的知觉会将其突出并传递给大脑进行加工。这样的信息往往更容易被记住和回忆。比如，在紧急情况下，我们的听觉和视觉知觉会高度集中，帮助我们迅速捕捉到关键信息并采取行动。

然而，知觉与认知的关系并非总是如此顺畅。有时候，我们的知觉可能会受到干扰或误导，导致我们对事物的认知产生偏差或误解。比如，在视觉错觉中，我们的视觉知觉会受到某些特定条件的影响，让我们看到实际上并不存在的图像或形状。这样的错觉可能会干扰我们的判断和决策，因此我们需要保持警惕并加强对知觉信息的验证和核实。

为了更好地利用知觉与认知之间的关系提升我们的智慧和能力，我们可以采取一些具体的方法。首先，我们可以通过训练和实践来提高自己的知觉能力。比如，通过绘画、摄影或音乐等艺术形式来培养自己的视觉和听觉知觉；通过阅读和写作来提升自己的语言和文字知觉。

其次，我们可以通过学习和思考来提升自己的认知能力。阅读各种书籍、文章和报道可以帮助我们拓宽知识面和视野；参加讨论、辩论和演讲等活动可以帮助我们提升思维能力和表达能力。

最后，我们需要保持开放和包容的心态来面对生活中的各种挑战和变化。只有不断学习和进步，我们才能更好地应对未来的挑战和机遇。

总之，知觉与情绪、知觉与认知都是我们生活中不可或缺的部分。它们相互影响、相互作用，共同构成了我们丰富多彩的内心世界。通过了解和掌握这些关系，我们可以更好地认识自己、理解他人，并在日常生活中做出更加明智和理性的选择。

（四）知觉与社会交往：人际关系的润滑剂

我们生活在一个丰富多彩的世界里，每天与人交往，沟通，互动。在这个过程中，你是否曾经注意到，那些微妙的面部表情、不经意的肢体动作，甚至是对方说话时的语调，都在无声地传递着信息？这些都是知觉在社交中的表现，它们像润滑剂一样，使人际关系得以顺畅运行。

首先，让我们从面部表情开始说起。你是否曾经因为朋友的一个微笑而感到温暖？或者因为某人的皱眉而心生警惕？这就是面部表情的魅力所在。它们像一面镜子，反射出我们内心的情感状态，让我们能够迅速理解他人的情绪和意图。想象一下，如果我们无法准确解读这些面部表情，那么社交将会变得多么尴尬和困难。因此，提高我们的知觉能力，尤其是对面部表情的敏感度，对于建立良好的人际关系至关重要。

除了面部表情，肢体语言也是社交中不可或缺的一部分。一个简单的挥手、一个拥抱，都能传递出丰富的信息。比如，当你和朋友聊天时，对方突然交叉双臂，这可能意味着他有些不安或者防备。这时，你可以调整话题或者语气，使对话更加轻松和舒适。同样地，了解并善于运用肢体语言，可以帮助我们更好地与他人建立联系，增进理解和信任。

当然，我们不能忽视语音语调在社交中的重要性。想象一下，如果你和一个朋友打电话，对方的声音冷淡、机械，你可能会觉得对方不太关心你。而如果对方的声音温暖、亲切，你可能会觉得对方非常重视你。这就是语音语调的力量所在。它们能够传递出我们的情感状态和态度，影响我们与他人的互动和关系。因此，在社交中，我们要学会调整自己的语音语调，使之更加符合情境和对方的感受，从而建立起更加和谐的人际关系。

除了上述三种知觉形式，触觉在社交中也扮演着重要的角色。触觉是我们感知外界的重要方式之一，通过触碰，我们可以感受到他人的温度、皮肤的质地和柔软度等信息。在人际交往中，触觉的运用可以加深我们与他人的联系，促进彼此的理解和信任。比如，一个温暖的拥抱或者和他们有力的握手，往往能够传达出无尽的情感和信任，让人与人之间的距离变得更近。同时，我们也要注意尊重他人的触觉空间和个人喜好，避免不必要的触碰和侵犯。

那么，如何在日常生活中应用这些知觉知识呢？其实非常简单。首先，我们可以多观察他人的面部表情和肢体语言，尝试解读他们的情感和意图。这样不仅可以提高我们的知觉能力，还可以让我们更加了解他人，从而建立起更加深厚的人际关系。其次，我们可以注意自己的语音语调和肢体语言，使之更加符合情境和对方的感受。比如，在和他人交流时，我们可以保持微笑、保持眼神交流，用温暖、亲切的语气说话，这样可以让对方感受到我们的真诚和关心。最后，我们也可以通过触碰来增强与他人的联系和信任。比如，在朋友遇到困难时，我们可以给他们一个温暖的拥抱或者和他们有力地握手，表达我们的支持和鼓励。

总的来说，知觉是我们与世界互动的重要媒介。它不仅影响我们对周围环境的认知，还塑造着我们的行为。通过提高我们的知觉能力，尤其是对面部表情、肢体语言、语音语调和触觉的敏感度，我们可以更好地理解他人，建立起更加和谐的人际关系。同时，我们也要注意尊重他人的感受和空间，避免不必要的误解和冲突。

最后，让我们用一个小故事来结束这段文字吧。想象一下，你和一个新朋友第一次见面。你注意到他面带微笑，眼神温暖，同时他的肢体语言也很放松。这让你感到非常舒服和亲切。在聊天的过程中，你发现他的语音语调也非常亲切和真诚。这时，你突然想到自己最近遇到了一些困难，于是你向他倾诉了自己的烦恼。他认真地聆听你的诉说，然后给你一个温暖的拥抱，告诉你他会一直支持你。这个拥抱让你感到非常感动和信任，你觉得自己找到了一个真正的朋友。这就是知觉在社交中的魅力所在。它让我们能够准确地理解他人，建立起深厚的友谊和信任关系。所以，不要忽视知觉在社交中的重要性哟！

三、理解性塑造人

在我们的日常生活中，你是否曾有过这样的体验：当看到一朵盛开的花朵时，你会被它的美丽所吸引，进而感受到一种愉悦和宁静？或者，当你听到一段动人的音乐时，你的心灵似乎被深深触动，产生强烈的情感共鸣？在感知世界的丰富多样性中，有一种特性让我们不是被动地接受信息，而是主动地去解读、理解并赋予其意义，这便是知觉的理解性。通过它，我们能够洞察事物的本质，理解世界的运作方式。

心理育人，也正是借助了知觉理解性的特征，教育人们学会从纷扰繁杂的世界中主动吸收对自己成长、生活有益的信息，洞察本质、了解世界，并将其内化于心气、外化于行动，真正意义上做到主动思考、主动转化，而并非被动接受，最后或陷于信息泥沼，或困于信息茧房。

（一）知觉的理解性：从感知到理解的升华

知觉的理解性，是指在知觉过程中，个体根据自己已有的知识经验对客观事物进行解释，并用词语加以概括，赋予其确定的含义，从而标示出来的特性。

我们生活在一个信息爆炸的时代，每天都有大量的信息通过各种感官涌入我们的脑海。然而，这些原始的信息本身并没有意义，它们只是一个个零散的元素，正是知觉的理解性，将这些元素整合、解读，并赋予它们意义，使我们能够真正理解并应对外部世界。

以视觉为例，当我们看到一幅画时，我们不仅是在看到颜色和形状的组合，更是在理解这幅画所表达的意义和情感。这种理解的过程，正是我们在对感知到的信息进行解读、推理和归纳，从而对外界的事物和现象产生深层次的理解。

从心理育人角度来讲，知觉的理解性是一种基于已有知识经验的理解，而个体的知识经验是知觉理解性的前提。也就是说，拥有丰富知识经验的人对同一事物的理解通常会更为深刻和全面，在教育过程中，教师便可以利用学生的已有知识经验，帮助他们更好地理解和吸收新知识。

（二）与身体对话的奇妙之旅

在繁忙的都市生活中，我们不断穿梭在生活琐事中，时常会忽略与身体的对话，也就是知觉的理解性与健康生活的对话，正是这样的对话，蕴藏着心理育人的秘密。今天，让我们踏上一段奇妙的旅程，探索身体感知如何成为心理育人的导航仪。

首先，让我们来到一个充满探索精神的国度——"内感受知觉国"。近年来，科学家们开始深入探索人类如何理解和响应来自身体内部的微妙信号，这些信号就像身体的语言，向我们传达着关于情绪和生活质量的宝贵信息。

在"内感受知觉国"里，研究者们发现，那些能够敏锐感知自己身体内部状态的人，通常对自己身体和心理状态的认知更加清晰，他们不仅能够更好地管理自己的情绪，还能在身体出现不适时迅速做出反应，从而避免许多潜在的健康问题，如不明原因的疼痛、抑郁、进食障碍和恐慌症等。

知觉的理解性也为心理育人提供了"趁手"的工具。在面对压力或挑战时，我们鼓励个人探索深处的自我，如果能够准确地理解和评价自我的情绪状况，就能够更好地管理自己的情绪反应，拥有更持久的且更积极的情绪状态。

想象一下，当你感到有压力很大时，如果你能敏锐地感知到自己心跳的加速，你可能就会更快地意识到需要采取措施来放松身心，比如去公园散步或听听音乐。这种与身体的紧密联系，就像拥有一个随时待命的顾问，时刻提醒你关注身体的需求。

知觉的理解性还影响到我们面对生活挑战时的应对策略。当我们能够看待问题的特殊性时，就能更有针对性地采取行动，制定有效的解决方案，这对维持良好的心理健康至关重要。

上文提到我们要学会准确感知身体传出的各项信号，但并不是所有人都能轻松感知这些信号，有些人可能会因为种种原因，如焦虑、抑郁或其他心理问题，而无法准确解读身体的语言。这就像是一场沟通障碍，可能导致他们无法及时应对身体的需要，进而引发一系列成长的问题。

而解决这个问题的过程，也就是促进心理育人发挥作用的过程。研究者们开始探索如何通过训练来帮助人们提高内感受知觉的能力。这些训练可能包括学习如何更准确地感知心跳、呼吸和其他身体信号，以及如何区分不同的身体感觉。通过这些训练，人们或许能够学会更好地倾听身体的声音，从而在生活中更加自信地应对各种挑战。

那么，如何在日常生活中运用这些知识呢？其实非常简单。首先，我们可以尝试在日常生活中保持对身体的关注。当你感到有压力或不适时，试着停下来深呼吸几次，感受身体的反应。你可能会发现，通过关注身体的感觉，你能够更好地了解自己的情绪和需求。

此外，定期进行身体检查也是非常重要的。这不仅可以帮助我们及时发现潜在的健康问题，还能让我们更加熟悉自己的身体。通过了解身体的正常反应和异常信号，我们可以更好地判断何时需要寻求专业帮助。

最后，保持积极乐观的生活方式也是提高内感受知觉的关键。良好的饮食习惯、充足的睡眠和适度的运动都有助于我们保持身体和心理的平衡，当我们的身体处于最佳状态时，我们就更容易感知和理解身体的语言。

在探索身体感知的奇妙旅程中，我们不仅学会了如何更好地倾听身体的声音，还发现了心理育人的秘密。通过关注身体、倾听内心的需求并采取积极的行动，我们可以为自己的身心健康保驾护航。

心理育人的目的也正是教会人们正确体会知觉的理解性，要知道，知觉的理解性也是自我发展的基础。通过不断地反思和评估自己的知觉经验，我们可以更好地了解自己，促进个人的成长和发展，这种自我认识的过程有助于提升自尊心和自信心，进而促进心理健康。

通过提高内感受知觉，我们将能够更好地理解自己、关爱自己，并在生活中创造更多的幸福和满足。记住，你的身体是你最宝贵的财富，只有当你真正学会聆听它的声音时，你才能拥有真正的健康与快乐。当然，这个过程并不是一蹴而就的，提高内感受知觉需要时间和实践，但只要我们愿意花时间去了解自己的身体和情绪，我们就能逐渐掌握其中有关心理育人的秘密。

在这个充满探索与发现的旅程中，我们不禁对身体的奥秘充满了好奇和敬畏。每一次与身体的对话，都是一次对自己更深入的了解和认识，让我们珍惜这宝贵的旅程，用心去感受身体的每一个细微变化，用爱去呵护它的每一寸肌肤，只有这样，我们才能真正成为自己身体的主人，掌握健康育人的主动权。

在未来的日子里，愿我们都能拥有一个健康的身体和一个充满爱与幸福的心灵。接下来继续让我们一起踏上探索知觉理解性与心理育人的奇妙旅程。

（三）多维角度下的知觉理解性与身心健康

我们生活在一个充满感知的世界里，从早晨醒来的第一缕阳光，到夜晚繁星点点的天空，每一个瞬间都在通过我们的知觉向我们传递着信息。然而，你是否想过，这些看似普通的感知背后，隐藏着怎样的奥秘呢？它们如何影响我们的身心健康，又是如何在日常生活中发挥作用的呢？接下来，让我们一起揭开知觉理解性的神秘面纱，探寻它与我们自身全面发展的紧密联系。

1. 身体智慧的守护者：知觉的理解性

当我们谈论知觉时，首先想到的往往是五感：视觉、听觉、嗅觉、味觉和触觉。这些感觉就像是我们身体的窗户，让我们能够感知到外界的各种信息。而知觉的理解性，则是对这些信息进行解读和处理的能力。

想象一下，当你触摸到一个滚烫的杯子时，你的手会迅速缩回，避免烫伤。这一反应的背后，正是知觉的理解性在发挥作用。它迅速解读了来自皮肤的疼痛信号，并通过神经调节，指挥你的身体做出反应。这种对外部世界的敏锐感知和迅速反应，正是身体智慧的体现。它不仅帮助我们避免潜在的危险，还让我们能够更好地适应环境，维护身体的健康。

除了对疼痛的感觉，知觉的理解性还体现在我们对身体各部位的感觉和认知上。当我们感到饥饿时，知觉会提醒我们寻找食物；当我们感到口渴时，它会指引我们寻找水源。这些看似简单的感知，实则是身体在向我们传递信息，告诉我们如何掌握劳动技能和掌控日后的生活。

在日常生活中，知觉的理解性还体现在许多其他方面。比如，当我们走在路上时，我们会不自觉地避开路上的坑洼和障碍物，这是因为我们的知觉在帮助我们感知和分析周围环境。当我们驾驶汽车时，我们需要时刻关注路况和周围环境的变化，这也是知觉理解性在发挥作用。

2. 心灵的导航员：知觉理解性与情绪调节

除了对身体的感觉和认知，知觉的理解性还与我们的情绪状态密切相关。当我们心情愉悦时，即便是阴天也能感受到一丝温暖；而当心情低落时，原本美丽的风景似乎也变得黯淡无光。这种情绪与知觉之间的相互作用，正是知觉理解性的体现。

知觉不仅解读来自外界的信息，还与我们内心的情感紧密相连。当我们处于不同的情绪状态时，知觉的理解性会让我们对外界的事物产生不同的解读和感受。一个积极乐观的人，即使面对困境，也能从中找到希望和机会；而一个消极悲观的人，则可能只看到困难和挫折。这种对情绪的感知和解读，直接影响着我们的身心健康。

在日常生活中，我们可以通过调节自己的知觉来理解和管理情绪。比如，当我们感到焦虑或紧张时，可以尝试通过深呼吸或冥想等方式来平静自己的心灵，让自己的知觉更加清晰和敏锐。这样，我们就能够更好地感知和理解自己的情绪状态，从而采取有效的措施来调节和管理它们。

3. 幸福的感知者：知觉理解性与生活质量

除了对身体健康和情绪状态的影响外，知觉的理解性还与我们的生活质量密切相关。一个整洁有序的环境会让我们感到舒适和放松，而一个杂乱无序的环境则可能让我们感到紧张和焦虑。这种对环境的感知和解读，直接影响着我们的生活质量和幸福感。

在日常生活中，我们可以通过改变自己的环境来调节自己的知觉和理解，从而提高生活质量。比如，我们可以保持家中的整洁和有序，让自己的生活环境更加舒适和宜居；我们也可以选择居住在环境优美、空气清新的地方，让自己的身心得到更好的放松和恢复。

此外，知觉的理解性还与我们的社交和人际关系密切相关。当我们与他人交往时，我们需要通过知觉来理解对方的情感状态和需求，从而更好地与他人建立和谐的关系。比如，在与人交流时，我们可以通过观察对方的表情、语气和肢体语言等信息来感知对方的情绪状态和需求，从而更好地与他人进行沟通和交流。

4. 趣味应用：知觉理解性的小游戏

除了在日常生活中发挥作用外，知觉理解性还可以通过一些有趣的小游戏来进行锻炼和提高。比如，"猜猜我是谁"游戏，让一个人蒙上眼睛，通过触摸和听觉来猜测站在他身边的人是谁。这个游戏不仅可以锻炼我们的触觉和听觉能力，还可以提高我们的知觉理解性。

再比如，"找不同"游戏，通过找出两张图片中的不同之处来锻炼我们的视觉和知觉能力。这个游戏不仅可以提高我们的观察力和注意力，还可以帮助我们更好地理解和感知周围的世界。

通过这些小游戏，我们可以更好地锻炼和提高自己的知觉理解性，从而更好地感知和理解周围的世界，这也是智力的重要因素和智力发展的基础。

通过以上介绍，我们可以看到知觉理解性在我们的日常生活中发挥着重要的作用。它不仅影响着我们的身体健康和情绪状态，还与我们的生活质量和社会交往密切相关。因此，我们应该更加关注自己的知觉理解性，通过锻炼和提高自己的知觉能力，来为我们自身全面发展打下坚实的基础。

（四）知觉理解性与健康生活的艺术

在繁忙的现代生活中，我们往往被各种琐事和压力所困扰，容易忽视自己的内心感受和身体需求。然而，真正的幸福并不在于外在的成就和物质的丰富，而在于内心的平静和身体的健康。那么，如何在日常生活中维护身心健康，提升我们的知觉理解性呢？

一方面，积极乐观的心态是维护身心健康的重要前提。面对生活中的种种困境和挑战，我们可以尝试从不同的角度去看待问题，寻找积极的解决方案。比如，当我们在工作中遇到困难时，可以将其视为一个成长的机会，通过不断学习和努力来克服障碍。这样不仅可以提升我们的情绪状态，还有助于我们更好地应对生活中的挑战。

另一方面，保持良好的生活习惯是提升知觉理解性的关键。定期锻炼可以增强我们的身体素质，提高免疫力和抵抗力；均衡饮食可以为我们提供足够的营养，维持身体的正常运转；充足的睡眠则可以让我们的大脑得到充分的休息和修复，提升我们的注意力和记忆力。当我们的身体得到充分的照顾和关爱时，我们的知觉理解性也会相应提升，有助于我们更加敏锐地感知外界的信息和情感氛围。

世间万物是无限的，可以成为我们的知觉对象的客观事物也是无限的。但我们人类的知觉能力是有限的。人类无法知觉每一天接触的全部知觉对象，所以知觉具有选择性，选择性就像筛子一样，去粗取精。但这样还是远远不够，如果没有知觉理解性，每一个事物都必须进行一次完整的知觉过程，那么每个人在有限的时间和能力之内只能知觉到极少数的知觉对象。

我们可以试着研究启蒙学习期的孩子，他们的知觉理解性尚未发展起来，也可以说他们没有发挥理解性的必要经验。所以在他们的思维之中，牧羊犬和贵宾犬是毫无共性的东西，他们很少，甚至无法在知觉到牧羊犬之后，用牧羊犬的一些特性再去知觉贵宾犬。这样知觉的效果和速度是低下的。这样的知觉效果和速度是无法满足人类的发展需要的，其结果只会让人类处于最原始的阶段。而对于我们这种知觉能力相对完善，已有经验相对丰富的成年人来说，即使在我们的已有经验中没有贵宾犬的概念，我们也可以很快地将贵宾犬和我们已知觉过的犬类进行类比，并且将它加工为已有经验存放于犬类的概念之中。在这个阶段，我们减少了对犬类共性的研究，只用研究贵宾犬的一些特性，大大减少了知觉过程中所需的时间和精力。

所以说人类的知觉过程不能缺少了知觉的理解性，知觉理解性是一台高效率加速器，可以大大提高人类认识新知识，掌握新知识，创造新知识的效率和速度，使人类达到了现在这一高度。

同时，知觉理解性是在已有经验的基础上发挥作用的。而经验拥有一个特点，那就是经验会随着社会阅历的增加而丰富起来，经验的丰富则很大程度上推动了知觉理解性的进一步提高、优化。不难想象，随着人类历史的延续，人类经验的积累，知觉理解性将会发挥越来越大的作用。人类知觉也可以在这强大而高效的加速器推动下不断发展、完善。人类的知觉能力与时俱进，成为人类进步、发展的重要保障。

知觉理解性还能产生知觉期待和预期。这就为人类认知未知事物和信息不全的事物提供了心理上的条件。人们可以依据已有经验进行猜测和假设。

除了个人层面的努力外，与家人和朋友保持良好的沟通也是提升知觉理解性的有效途径。我们可以通过分享彼此的感受和经历来增进相互间的理解，建立更加亲密和谐的人际关系。当我们能够真正理解他人的需求和情绪状态时，我们的知觉理解性也会得到相应的提升，更加敏锐地感知他人的情感和需求。

在日常生活中，我们可以通过一些简单的方法来提升自己的知觉理解性。比如，在购物时我们可以尝试去感知商品的质量和材质，而不仅仅是价格和外观；在与人交流时我们可以更加专注地倾听对方的言语和情感，而不仅仅是表面的意思和态度；在欣赏自然风景时我们可以更加深入地感受大自然的美丽和宁静，而不仅仅是表面的景象和色彩。

同时，我们也可以通过阅读、学习、旅行等方式来拓宽自己的视野和认知。阅读可以让我们了解更多的知识和文化，拓宽我们的思维和认知；学习可以让我们掌握更多的技能和知识，提升我们的能力和素质；旅行则可以让我们接触到不同的风土人情和文化氛围，增强我们的感知和理解能力。

在提升知觉理解性的过程中，我们也需要注意避免一些常见的误区。比如，我们不应该过分追求物质和外在的成就，而忽视了内心的需求和感受；我们也不应该盲目跟从他人的意见和建议，而失去了自己的独立思考和判断能力。只有当我们真正关注自己的内心需求和感受，以及保持独立思考和判断能力时，我们的知觉理解性才能得到真正的提升。

总之，知觉的理解性是我们不断发展的重要保障。通过不断学习，与家人和朋友保持良好的沟通以及拓宽自己的视野和认知等方式，我们可以逐步提升自己的知觉理解性，更好地感知和解读外界的信息和情感氛围，从而提高自己的认知水平，促进个人的发展。

同时，我们也要认识到知觉理解性的提升是长期而渐进的过程，需要我们在日常生活中不断实践和积累。因此，我们可以尝试将上述方法融入日常生活中，成为一种习惯和自然。比如，在每天的工作和生活中，我们可以时刻保持积极乐观的心态，遇到困难时勇敢面对并寻找解决方案；我们也可以定期安排时间进行锻炼和放松，保持身心的平衡和健康；在与他人交流时，我们可以更加专注地倾听和理解对方的情感和需求，建立更加和谐的人际关系。

此外，我们还可以通过参加一些社交活动、文化活动、志愿者活动等来丰富自己的生活体验和人际关系。这些活动不仅可以让我们更加了解社会和他人，也可以让我们更加深入地感知和理解生活的意义和价值。

最后，我们也要注意保持一颗感恩的心。感恩可以让我们更加珍惜自己所拥有的一切，包括生命、健康、家庭、朋友、工作等。当我们心怀感激时，我们的知觉理解性也会得到相应的提升，更加敏锐地感知和欣赏生活中的美好和幸福。

四、知觉为我所用

当我们深入理解了知觉与健康的紧密联系后，我们会发现知觉在我们的生活中有着极其广泛的应用。从信息茧房到时间管理，再到错觉现象，知觉的作用无处不在。信息茧房是指我们倾向于关注自己感兴趣或熟悉的信息，而忽视了其他重要的信息，这种现象在社交媒体中尤为突出。而时间知觉则帮助我们更好地把握时间，提高生活效率。错觉虽然有时会让我们对事物的认知产生偏差，但也为我们带来了许多乐趣和启发。接下来，就让我们一起更深入地探索知觉应用这个充满奥秘和乐趣的世界吧！

（一）信息"茧"房

信息茧房这个概念是本世纪初一位叫凯斯·桑斯坦的学者在其著作《信息乌托邦》中提出的，是指人们关注的信息领域会习惯性地被自己的兴趣所引导，从而将自己的生活束缚于像蚕茧一般的"茧房"中的现象。由于信息技术提供了更自我的思想空间和所有领域的巨量知识，一些人还可能进一步逃避社会中的种种矛盾，成为与世隔绝的孤立者。在社群内的交流更加高效的同时，社群之间的沟通并不见得一定会比信息匮乏的时代更加顺畅和有效，甚至可能因此多了些许烦恼。算法总推送我们喜欢的信息，久而久之，我们就接触不到超出原有认知的信息流了。大脑一直都在这么做，最初的信息茧房就是我们的知觉。①

【案例】一天，小楠同学正在图书馆完成他的高数作业。"唉，这道题我不会做啊。那我去查一下资料吧。"可是一打开 B 站，最先看到的就是美食视频，"是我昨天搜过的美食视频哎，那我就看两分钟，放松一下吧。"看着看着，图书馆闭馆钟声却响起，"完了完了，我的作业还没做完，我发誓我明天再也不玩手机了"。

---

① 凯斯·R. 桑斯坦. 信息乌托邦 [M]. 北京：法律出版社，2008：1-2.

这样的场景似乎常常出现在我们的学习生活中，不禁让我们感慨，现在的电子设备真的好懂我。养宠物的人，各种程序都是与宠物有关的信息，上了年纪的人，手机中往往都在自动推送养生的消息。事实上，这些"懂"都是算法，大量的信息流平台正在通过算法偏好来迎合我们。在不知不觉中，我们就遭遇了信息茧房。

以前知道人的立场不同，意见不同，现在知道这一切都因为每个人的知觉不同，"他可能和我看到的不一样""我也不一定是对的"，遇到事情时，想到这一点，可以改变自己的想法和心情，人会多些耐心，与他人的关系也会融洽一些。

（二）时间知觉的应用

什么是时间知觉？

一般人都会有这样的体会，自己对时间的感知和钟表上显示的时间是不一致的。为了解释这个问题，在这里，我们可以把时间划分为物理时间和心理时间两种类别。

物理时间就是人对物体运动过程的切割和划分，具备一维性、不可逆性等特征，比较典型的就是，我们在钟表上看到的时间，均匀且精密，不会随着人的主观状态而改变。

而心理时间，是人对物理时间的主观认知，既可以是一维的，也可以是多维的，既可以是可逆的，也可以是不可逆的，正因为我们身体中没有时间感受器，所以我们很难准确地判断时间，而且心理时间会随着人的情绪、状态、所处的生活环境等影响而波动。

时间知觉，是指个体在不借助计时工具的情况下，对物理时间的长度和速度做出判断的能力，是属于人的基础感知能力，就像"嗅觉""视觉"一样。时间知觉可以划分为三种类型：时点知觉（个体对物理时间点的主观判断，比如我们通过看太阳的高度、位置，估计当前的时间点）、时距知觉（个体对物理时间段的主观判断，比如在没有借助计时工具的情况下，我们估计当前的交互界面已经刷新了多长时间）和时序知觉（对事件发生顺序的感知）。

对于时间知觉，大家或许还很陌生，但是其实它是我们日常生活中非常普遍的一种"感受"，就像"视觉""嗅觉"一样，是人的基本感知能力。

为什么我们有时候感觉光阴似箭，有时候却感觉度日如年呢？这其实就是时间知觉的作用，人在相同的时距内，受情绪、态度、环境等影响，对于物理时距的感知产生的差异。

在交互设计中，我们的设计师也经常会通过一些设计方法让用户在使用产品时感受到愉悦，减少用户的焦躁情绪，让用户感觉时间"过得快一些"，这背后也是运用的时间知觉的理论来指导的设计。

由此我们分为以下几类：

1. 时间管理

时间管理基于时间知觉原理，通过有针对性的安排和管理来提高效率。具体来说，通过将任务按时间段划分，优先将需要大脑高度集中的任务放在注意力高峰期，从而提高效率。同时，还可以利用"锚定效应"设定明确的时间目标和截止日期，进一步提高工作效率。

2. 时间加速和减速

时间加速和减速依赖于时间知觉原理。通过调整活动节奏和速度，人们可以改变时间的感知。例如，面对繁重的任务，设置倒计时器或提醒器可增加压迫感，使人更专注；在休闲时，减缓节奏，使时间感觉过得更慢。

3. 时间压缩和扩展

时间压缩与扩展基于时间知觉原理，能有效缩短或延长感知时间。具体而言，在工作忙碌时，可采用时间块方式分解任务，每完成一小块即获得成就感，使时间感觉过得慢。而在无聊或单调活动中，可分散注意力，转至其他有趣活动，使时间感觉过得更快。

4. 时间预测

时间预测是利用时间知觉原理，通过过去的经验预测将来的时间。例如，早晨感觉时间飞快的人，可以提早安排重要事情，避免时间压力。通过观察不同时间段的注意力和精力水平，更能准确把握哪个时间段适合进行某项工作。

《金刚经》中说：过去心不可得，现在心不可得，未来心不可得，时间是相对的，真正的时间，一念万年，万年一念，没有古今，没有来去，所有的一切只发生于同一时间。

就像桌子上摆了茶杯、笔记本电脑，还有茶壶，它们其实是同时出现在桌子上的，但是当你仔细去观察它们的时候，你是不是只能一个一个地去观察？

比如说你会先看到杯子，然后再看到茶壶，最后看到笔记本，是因为你看它们的时候有一个顺序，所以你才产生了时间的概念，实际上它们就是同时显现在桌子上的。

所以说，世间的一切其实都是虚构的，过去、现在、未来其实是同时存在的，存在的方式是根据你的念头而看到的假象。世界还是那个世界。月亮、太阳、山河湖海，它们还是那样，永远如此。今天你坐在树下，看着那个天，望着那个云，我们现在看到的天和云，也是古人所看到的，一切的一切都没有改变，但是你为什么会说一切都变了，时间过得太快了。

其实这一切的种种，都是因为我们的念头而产生出对于假象的执着，同样一个风景，有些人看到后很高兴，而有些人看到后就很痛苦，这一切都是个人的心理所现。

风云虽然一样，但情怀有深浅，过去、现在、未来是一体的，万物随心而变，千种念头，就会有千人千面。

过去、现在、未来有多远，呼吸之间。用心观照自己的心念起伏，每一分钟都不要空过，每一炷香都不要空过，这就是降伏其心，一眼万年。

（三）错觉及其应用

错觉是一种视觉、听觉等感觉信息出现偏差的现象，在生活中常常出现。然而，除了引起人们注意或者教育、娱乐等方面的应用，错觉还可以在生活中的其他领域起到积极的作用。

1. 艺术领域

古今中外的艺术作品中不乏运用错觉的设计手法。例如，意大利文艺复兴大师达·芬奇的画作《蒙娜丽莎》中，女子微笑的嘴巴成为错觉中的"负空间"，让人觉得其展现出一种神秘的魅力。此外，还有许多现代艺术家也在他们的作品中使用错觉元素，如艾舍尔、达米安·赫斯特、吉尔伯特·利纳尔德等，通过视错觉、听错觉等方式创造出人们所不寻常的审美体验。

2. 营销领域

错觉的应用也在营销领域十分常见。通过改变商品的包装、展示，或者运用声音、灯光等手段，可以让消费者在感官上产生错觉，从而提升他们对商品的喜好程度。例如，在超市里有些商品会被放在比较显眼的部位，从而让人觉得这些商品很热销，产生一种错觉，进而更容易购买这些商品。

3. 医学领域

在医学领域中，错觉被广泛应用于治疗。如运用音频音乐，在感性、情绪性障碍者中，可以有安抚、安静、舒缓情绪、减轻疼痛等作用。而运用装置隐形的假矫正器，在治疗青少年近视的过程中，也可以让大多数人在没有负担和外形的压力的情况下，运用恒定的光学刺激，改变眼睛的调节性质和视觉适应性，从而达到治愈效果。

4. 教育领域

错觉在教育中也有广泛地应用。如幼儿园中教育者教给幼儿不同大小关系或具体的立体物体时，可以使用纸张、胶水、剪刀等常见的教具，让幼儿通过操作等方式，去认知、记忆三维形体的各类演示、摆放方式。此外，在语言教育中，教师常常通过造句、猜单词等方式让学生在思考中做出一些错觉过程，从而加深对语言的理解和掌握。

5. 产品设计

产品设计中，错觉的应用旨在改善美感、增加用户友好性和增强用户体验。例如，移动应用界面设计中，利用错觉可使其更具吸引力；同时，外观和触感上的错觉可引发积极的情感和品牌认同。

6. 心理治疗

心理治疗中，错觉用于减轻焦虑、恐惧和抑郁等负面情绪。治疗师使用虚拟现实技术或视错觉技巧，帮助患者直面恐惧并逐渐克服。此外，认知行为治疗也广泛利用错觉，帮助其改变思考方式，缓解情绪困扰。

7. 交通安全

交通安全通过利用错觉进行优化，有助于改善驾驶员对道路条件和车辆位置的感知。

8. 影视娱乐

影视娱乐利用错觉为观众带来生动和有趣的体验，如特殊镜头或效果使画面震撼，音效逼真。此外，魔术表演中利用错觉呈现出出乎意料的结果，增强观赏性与娱乐性。

总之，错觉在生活中的应用是非常多的。无论是在艺术、营销、医学还是教育等领域，都有着重要而积极的应用。了解和掌握错觉的运用方法，可以使我们更好地区别真假、优劣，同时也为我们提供了更多的体验方式。

第三章

潜意识用心意识化：健康成长

实例引入：为什么我每天做缝嘴巴的噩梦？

小P，男，18岁，独生子，父母是农村人，家里经济条件不是很好，爸妈关系不和，经常争吵。来到大学后近期他一直每天都做同一个梦，就是每天在梦中把别人的嘴巴缝上，鲜血淋淋，这已经吓到他自己了。他很困惑，所以前来咨询老师。

小P一出生，妈妈身体不好没奶水，他是喝着别人家的奶水长大。奶奶带着他长大的，跟奶奶感情比较亲近，比较回避父母。

小P很敏感，不喜欢自己，一直很自卑，高中就一直自卑，感觉自己没人喜欢，没人爱，长相又不好，非常害怕别人评价自己，听到一些不好的评价情绪就不稳定，会想很多，以前会通过写日记的形式来表达自己的愤怒和不满，心事一般都不太喜欢说出来，都闷在心里，青春期的时候过得很不开心，高考也考得不是很理想，对自己的大学也不满意。

分析：小P对自己是个什么样的人，自己有什么样的优点不是很清晰，因为基本上没有人去关注他，他一直都是默默地活在自己一个人的世界里，觉得自己是一个不受欢迎的孩子，没有人重视他，加上外界的议论，他也没有人可以倾诉，也没有人帮他做心理疏导，关于他自己是一个什么样的人的认知比较狭隘，比较偏激。

小P基本不爱说话，说话也说得非常少，对他小时候的生活状态进行了解得知，他一般是一个人待着的时候多，语言输入环境比较缺失，在这种环境下，他的语言发展滞后，因为他小时候说话说得比较迟，远远迟于同龄的孩子。爸妈的争吵，家人的忽视，可能对他的发展有一定的影响，但后来不能按正常年龄说话可能对自卑的性格产生了很大的影响。

（咨询片段1）

咨询师：你平时沟通多吗？

小P：我不太喜欢说话，能不说基本不说话。

咨询师：你一直这样吗？是不想说，还是想说但害怕说？

小P：应该是自卑，怕说，慢慢就不爱说了，觉得说话怕出错，不擅长说，现在也觉得不想改变。

分析：小P的核心问题是家庭环境的影响，从小回避人际交流，在语言发展的关键时期没有得到一个良好的语言环境，当然，也有可能他内心讨厌说话，觉得家里人的争吵太可怕了，不说话才安全，不会吵起来。他慢慢发展出自己的一套心理防御机制。在各种原因的影响下，他发展成今天的这个样子。

小P的妈妈基本不具备良好养育一个孩子的能力，妈妈跟爸爸的关系也很糟糕，一天到晚争吵不断，鸡飞狗跳，小孩还没奶吃，先天的物质和精神养育都非常匮乏。

小P不愿意回家，也不愿意在家里待太久，总觉得跟爸妈是陌生的，不太能相处，他自己宁愿在外面打工赚学费，都不愿意回家，回家也没话说，面对最亲的人，往往没有好脾气，脾气大得很，回去就不是很开心，所以干脆不回家，很多时候都是在学校度过。

小P回避家庭关系的同时，向外寻求帮助，在外面打拼的人际关系没有障碍，愿意交朋友，但不会深交，都是工作或学习的伙伴，并且很愿意帮助朋友，对朋友的困难很热情，很讲义气，但是话还是不多。

（咨询片段2）

咨询师：你在外面交朋友害怕吗？

小P：不怕，我只要帮助他们克服困难，他们就喜欢我，说我很热情，很愿意帮忙。

咨询师：哦，你朋友很多，你有什么烦恼会跟他们说吗？

小P：一般不会，我们只是相互支持，相互帮忙。

咨询师：有什么烦心事会向谁说？

小P：一般不说，自己忍着。

分析：小P在人际回避行为的发展中，有一个比较好的发展是向外发展人际关系了，在外面拥有了很多相互支持的朋友，但是有一点，他在外的交往没有回避，但是情感部分回避了，跟所有朋友的交往都只停留在行为层面，没有涉及情感层面的支持。好像情感就自动被过滤了。

小P到了大学，有很多方面与同学是不一样的，可能还有一些自己的短板被同学嘲笑，大学的生活跟高中时代的不一样，陌生的环境，经济的窘迫，还有习惯的不合群，自卑的加重，情感的需求，可能都是大学生活的新问题。

小P讲到经常做梦，每天做的梦是同一个梦，就是梦中他把别人的嘴巴缝上，鲜血淋淋，他很害怕，并且做梦的频率很高，几乎每天都做这种血腥的梦。他自己被这种梦吓到了，生怕自己哪一天真的这么做了，又没有人诉说。知道有心理咨询中心后，他就鼓起勇气来咨询老师了，想解开心中的谜团。

（咨询片段3）

咨询师：你在梦中的情绪是怎么样的？

小P：我害怕，我怕我哪天真的这么做了，很恐惧。

咨询师：我是说你在梦中的情绪感受是什么？

小P想了想：应该是愤怒，很生气，很愤怒然后才这么做。

咨询师：你跟同学的关系怎么样，他们有偷偷说你什么吗？

小P沉默了很久：老师，我好像有点懂了，是不是我不能忍受他们说的东西，害怕他们说的东西？

咨询师：你跟他们有没有沟通这些事情？你有没有去表达你的感受？你的不舒服，不开心。或者你有没有阻止他们这样去说？

小P：没有。

咨询师：有人知道你因为这个事情生气吗？

小P：没有人知道。

分析：小P的解决情绪问题的能力往往不如解决生活中的其他困难，他不擅长识别情绪，他的反应好像意识不到他的情绪出问题了，他在生活中也是隔离情绪，有情绪也不表达，不发泄，不沟通，积累到一定的时候他没意识到情绪的杀伤力，完全不自知。最后，通过梦境来释放情绪的压力，这是一种心理保护机制，梦很聪明，梦通过各种形式告诉主人他的情绪不好了，他要处理了。

小P潜意识里对同学的不满通过梦境表达出来了，帮他把潜意识意识化了以后，每周一次的咨询能帮他稳定一周不做重复的噩梦。

（咨询片段4）

咨询师：现在梦境的频率有减少吗？

小P：每周来一次，回去后一周好像不做类似的梦了。

咨询师：久了又会做？

小P：是的，好像不能管很久。

咨询师：你在生活中表达感受的时候多吗？

小P：不太能表达，有时候也不知道怎么去表达。

咨询师：嗯，那在老师这里能表达尽量表达，生活中慢慢来学习。

分析：小P在咨询中，想通了很多东西，可能感受到了心理动力的力量，一旦意识到了自己很在意的一些东西后，他的情况得到了一个比较大的改变，同时，跟咨询老师不停地沟通和讨论，也能转移很大一部分心理动力，潜意识的情绪强度没那么大，暂时可以让睡眠不会充满恐怖和罪恶感。但是，要彻底好转，形成新的互动模式，还需要更多内在的力量，因为情感的问题压抑得太久了。

潜意识层面的东西，很多时候人是觉察不到的，但它的影响又是无时无刻的，所以有时候人莫名其妙地就被某种力量控制着，身在其中的人没办法看见，专业的咨询老师可以得到部分的缓解和意识化，然后一步一步地成长，一点一点变得健康。

越来越多的研究发现，意识会影响我们对世界的感知、所做的决定、对自己的感觉等。古希腊哲学家柏拉图认为：意识起源于灵魂，如理智、意志和情感等，意识现象是灵魂的属性，灵魂是最初的东西，是先于形体而存在并能支配形体能动的本原，它是在人类的形成之前，住在理念世界。而生物学给出的定义是：人的意识产生于脑部，由大脑、小脑、丘脑、下丘脑和基底核等组成。它能将视觉、听觉、触觉、嗅觉和味觉等各种感觉信息，经脑神经元逐级传递分析为样本，由丘脑合成为丘觉并发放至大脑联络区，令大脑产生觉知，即人的意识。

在心理学中，意识的概念十分复杂，它可以意味着清醒、警觉、注意等，它可以是语言报告出的一些东西，如对幸福的体验、对周围环境的知觉等，或意味着受意愿支配的动作或活动①，它包含了人类几乎所有的本能、习惯、情感和欲望。意识是一种觉知、是一种高级的心理结构、是一种心理状态。与感觉相比，感觉是人的感官对事物个别属性的反应。

哲学里提到的意志的主动性即自由意志，意志本身实际上只是意识能动性的一种体现，它包含于意识之中。而我们认为自己具有自由意志的原因是，感觉自己拥有对自己感觉的意识并能加以控制。但这是因为我们拥有对自己感觉的"感觉"、对自己处于考虑是否做某种决策的状态的"感觉"。我们无法脱离"感觉"来谈论"意识和控制"。我们很难用一种感觉去理解另一种"感觉"，因为意识是各种感觉的集合。意识是人脑对直接作用于感觉器官的客观事物的各个部分和属性的整体反应，是对感觉信息的整合和解释。

不同人之间意识的差距，为人类的进步前行提供强大驱动力。意识也是对外界环境和思维过程的反映。

回顾小 P 的故事。小 P 是一个敏感，内心较为封闭，且对自我认知不够清晰的男生，现实中的他忍让、不善言辞，仅仅只有通过梦境才敢表现出来真实的样子，都说梦是人脑对客观事物的主观映像，梦是潜意识的表达。

也许我们可以因此探寻不同心理产生的底层逻辑：事件的发生会让人产生对事件的认识，认识对意识的产生有着最直接的原因。意识是对事件的主观认知，再深一层的潜意识则将这层认知强化。心理学就是对此层关联的研究和运用，比如对自己的鼓励，对不好的事情产生的担心，这些是对意识最基础的应用。什么是意识呢？我们前面已经做了概括。那么什么是潜意识呢？我们继续往下看。

首先，让我们从睡眠剥夺实验中探究不同意识状态下（清醒或混沌）对人体的影响有何不同。其次，从意识与生活展开，走进睡眠、梦和催眠

的世界，这些不同领域的意识对我们的日常生活又分别起到什么作用？然后，通过身体健康和心理健康两方面来分析梦与健康的关系。接着，讨论心理暗示的应用，不同的行为暗示着什么内容？如何通过暗示提升自我？最后，了解意识与疾病预防，帮助我们更好地生活。

意识是神秘古老的话题，现在让我们一起探索更深层次的意识世界吧。

一、睡眠剥夺实验的警示：良好睡眠，是育人之本

我们都知道睡眠对人类的生命活动有重要意义，如果说一个人被强行剥夺了睡眠，会发生什么呢？赫赫有名的苏联睡眠剥夺实验，给出了令我们毛骨悚然的答案——神志不清、歇斯底里，最终成为难以被制服的"食人魔"。

二战时期苏联的军队一直致力于提升士兵的持久力和战斗力，科学家们由此研制了尼古拉耶夫气体（Nikolayev gas），其功效是充当一种能使人长期保持清醒的催化剂。为了验证其功效，苏联开展了所谓"睡眠剥夺实验"。实验操作简单，将五名同意进行实验的罪犯关在一个密闭的房间里，房间内有充足的食物、供以消遣的图书和娱乐设施等，但由于当时的技术限制，只有麦克风能让内外保持交流，随后便释放尼古拉耶夫气体，让他们长期处于清醒状态，这样不让人睡觉的实验一共持续了 15 天（另有说法是 30 天）。

实验刚开始，这 5 名实验对象在房间内的生活一切正常，友好交谈，适时娱乐，完全没有睡意，精神状态良好。可实验进行到中期，有实验对象开始精神恍惚，出现幻觉，他们变得疯狂、焦躁不安，不单是聊天内容变得消极负面，对他人恶言相向，甚至还会对着麦克风自言自语、疯狂尖叫，试图逃出房间。持续闹了几天后，实验室突然完全安静下来，没有任何声音，不再有人发狂尖叫，无法观察到室内情况的研究员按捺不住了，请来军人打开实验室，打开门的那一刻，几乎所有人都被吓得大吃一惊。其中一名实验者已死，并且被开膛破肚、血肉模糊，而活着的四名实验者也面目全非，因自残变得遍体鳞伤，成了力大无穷的"杀人怪物"……

惊悚的文字描述，试图让我们相信这个实验曾真实发生。但事实是，

历史没有任何记载和证据表明它真的存在。所谓睡眠剥夺实验的相关照片和视频，也不过是截取自恐怖电影的片段而已，之所以它能成为口口相传的坊间故事，还得益于真实存在的睡眠剥夺实验。

相比而言，真正的睡眠剥夺实验更多的是一个人对睡眠发出的挑战。一位叫兰迪·加德纳的大学生一直痴迷于研究睡眠相关问题，他常常思考人类究竟能支撑多长时间不睡觉，以及长期不睡会出现什么问题，等等。很显然只凭借着大脑的想象，是无法弄清楚的，兰迪便想直接拿自己的身体为实验材料，并且在不使用任何药物辅助的情况下来进行睡眠剥夺实验。有了这个想法后，他找来了同学陪他聊天以保持清醒，令研究员进行严格监督与记录。在持续了 264 个小时没有睡觉后，教授发现兰迪的所有生理指标都不正常，如果实验继续进行，他可能有生命危险，于是终止了这项实验。这是人类故意不睡觉且不使用任何兴奋剂的最长时间。

从该实验得以看出睡眠的重要性，"一切有生之物，都少不了睡眠的调剂"，睡觉本身就是对健康最大的投资，良好的睡眠，才是身体最好的保养品，好好睡觉，你就赢了！

二、聪明的潜意识

无意识又称潜意识，是相对于意识而言的，是个体不曾觉察到的心理活动，[①] 是人们"已经发生但并未达到意识状态的心理活动过程"，与意识共同构成人类所有的心理活动。

生物学家理查德·道金斯写了一本著名的科普书《自私的基因》，用功效主义理论解释人性中自私的一面是基因的选择，但生活中会遇到不能用金钱和物质来衡量和交换的友谊、爱情、侠义……就是所说的情义无价，基因论没法解释。纵使基因论解释了神圣的母爱也是自私的，但功效主义依然解释不了有的母亲支持孩子舍生取义，就像它无法解释人类能够像爱上一代一样，人类只会爱下一代，动物都会爱下一代，这没什么了不起，爱上一代才是人类了不起的地方。

---

① 彭聃龄. 普通心理学 [M]. 5 版. 北京：北京师范大学出版社，2019：186.

纵使它解释了仁爱、恻隐之心、友爱也是对自己有利，它依然解释不了残暴、邪恶、过度自私怎么就对自己是有利的。经济利益只能支撑经济学，支撑不住伦理学，因为是生存定义利益而不是利益定义生存。

"淫邪不能惑其心"出自《黄帝内经》，欲是物质层面，心是精神层面，孔子说四十不惑，也有的人八十还惑，因人而异，只是一个概率。不惑俗话说就是心定，知道自己几斤几两，清楚自己想要的是什么，有自知之明，不挑花眼，不患得患失，不瞻前顾后。

比如我们的学生经常问："老师，大学到底应不应该谈恋爱？"其实没有标准答案，我通常让他们自己回答。我的名言是：不是生理就是心理有问题，谈了，谈得失魂落魄要死要活，工作搞不好，学习挂科，命都不要了也不行，如果你把心神寄托在一个人身上，那么当有一天你失去了他，就会吃不香，睡不好。还比如我们孩子一天不学 16 个小时就不安，也属于心定不下来。还比如我们有人丢了手机一星期吃不好饭，都是过多耗费了心神，从健康的角度来说不值得。

从上面这些例子我们可以看出意识与我们的生活是紧密相连的，接下来就让我们一起详细了解一下吧。

（一）睡眠的呐喊

1. 睡眠是个"百宝箱"

科学家做过这样一个实验，在受试者做梦的时候把他们叫起来，通过问他们 18 减 5 等于多少来判断他们是否清醒。这时候给他看"o""s""e""o""g"这五个字母，让他们组合成一个符合语法习惯的单词，他们会想很久。如果是在做梦的时候我们问他们，他们就会很快回答出"goose"，速度就比非做梦的人要快得多。

通过实验可知，做梦的时候创造力确实比清醒时要好，这是因为当我们在做梦时，我们的精神思维上的束缚都放开了，神经也处于自由活动的状态，更有利于创造。这也是为什么很多艺术家都会在梦中创作出一些作品或者从梦中汲取灵感。

睡眠就是一个装满我们奇思妙想的"百宝箱"，在睡梦中，我们可以创造出很多神奇的事物。当我们在进行创造性的活动时，有时会感到灵感枯竭，不妨去睡一觉打开这个"百宝箱"，或许会有意外的收获！

2. 睡眠是支"定神剂"

大家时常能感受到前一天晚上如果熬夜了的话，第二天上课很难集中注意力，才听没一会儿就想睡觉或者思想飞离课堂，那这是为什么呢？

有一个实验，实验者首先让所有受试者事先睡满 8 小时排除实验的干扰。然后开始进入实验，第一组三天（72 小时）不准睡；第二组连续两周每晚只睡 4 个小时；第三组只睡 6 个小时；第四组睡 8 个小时。通过让他们摁掉屏幕上突然出现的荧光点判断他们的反应速度。

实验发现第一组，第二组，第三组反应都很慢，第一组甚至没有反应。第一组（3 天不睡）第二天的失误率达到 400%；第二组（睡 4 个小时）连续六天以后，表现就跟 24 小时没睡是一样的，到十一天的时候，表现就跟 48 小时没有睡是一样的；第三组（睡 6 个小时）十天以后，就跟 24 小时没睡一样了。

睡眠就是一支"定神针"，它能帮助我们注意力集中，当我们没有按时打这支"针"时，我们的注意力就很有可能分散，出现人在座位心在远方的情况，所以我们一定要保证充足的睡眠时间，这样才能提高效率。

3. 睡眠是颗"记忆丸"

我们会在熬夜、睡眠不足那段时间经常出现"我要说啥来着""我要干啥来着"等情景。

记忆力与睡眠是密不可分的。这是因为记忆力是存储在神经系统的突触中的，睡眠是一些蛋白质制造的时间，所以睡眠不足不仅影响突触，还影响突触间蛋白质制造。

睡眠就像一颗"记忆丸"，可以提高我们的记忆力，让我们尽可能多地记住我们接收到的信息，但是当我们不按时服用时，病症就会出现，我们的记忆力就会有所下降。

4. 睡眠是坚固的免疫盾牌

经常听大人说睡不好，免疫力也会下降，这是不是真的呢？

事实确实是这样的。如果你是凌晨 3 点上床睡觉，早上 7 点又要起来上课，那么你就只能睡 4 个小时，这 4 个小时是远远睡眠不足的，而且会杀死你免疫系统里面 70% 的免疫细胞。

很多同学都在非周末熬夜然后试图通过周末的日子来补，这是行不通的，因为你没有办法把它补全。就像吃饭一样，你不能今天饿了，明天多吃两口补回来。每天都好好睡觉吧，免疫盾牌不会辜负每一个好好睡觉的人。

还有实验发现，睡 6 个小时与 7 个小时虽然只差一个小时，但是感冒的比率是 50%:18%，所以大家宁可少玩一会儿手机早点睡觉，也不要摧毁自己坚固的免疫盾牌，不然感冒、发烧立马就会找上门来，这也是提醒你该补充睡眠的警示灯。

"免疫盾牌"每天都在用我们的免疫系统抵抗各种病毒、细菌的攻击，在平凡的日子里，总有它们为我们负重前行，所以按时睡觉，别让它们最后拼尽全力却没有意义。

5. 睡眠是个"头脑特工队"

我们经常会在睡眠不好的情况下脾气更加暴躁，怨气也更重，这是因为我们的情绪与睡眠息息相关。

之前科学家做过一个实验，在核磁共振里面一组睡，而一组没睡。然后给被试者看了 100 张图片，有一些图片是蛇在咬人、火烧房子等，有一些则是中性的图片。看完这些图片以后，通过对比发现两组被试者他们杏仁核活化的地方不一样，没有睡的被试者杏仁核活化程度比睡的多了 60%，也就表明没有睡的被试者会更加冲动，情绪更加不好。

杏仁核是油门，我们的前额叶皮质就是刹车，油门在爆冲，如果刹车没有去踩的话，情绪就会坏掉。睡眠跟情绪是联系非常紧密的。

睡眠就像电影《头脑特工队》一样有一群不同情绪的小人在我们睡觉的时候给我们调节，他们是无须言语就能读懂我们内心的小人，当我们白天的委屈没法释放时，他们会让我们在梦中哭泣忘掉悲伤；当我们因白天的计划因为突发情况被破坏而感到失落时，他们会悄悄地弥补我们的遗憾，给我们安排一场完美的计划让我们重新感到快乐……

"头脑特工队"就像我们形影不离的朋友一样，他们懂我们白天的故作坚强，看得出我们白天的忍气吞声，听得到我们的小声啜泣，他们会在我们睡着时，偷偷把我们的坏情绪都清走，只想让我们做他们快乐的主人。

6. 睡眠是瘦身法宝

睡眠不好就会影响相关激素的分泌，与食欲相关的主要有两种：一个是瘦素，顾名思义就是可以通过调节脂肪、加快新陈代谢以及抑制食欲来变瘦的激素；与瘦素相反的另外一个叫作饥饿激素，它会增加你的饥饿感，进一步促进我们一直想要吃吃吃的冲动，最后导致变胖。

一个实验，研究人员要求被试者不能喝咖啡，一组睡 8 小时，一组睡 4 小时，两组做一模一样的事情，然后测身体里面瘦素的含量。通过实验数据，最后发现虽然两者吃得一样，睡眠少的人却一直感到饥饿。

我们经常会在日常生活中碰到像实验中那样的情况，那些睡眠少的人就算和睡眠充足的人每天吃得一样，但也会比别人胖些。这是因为睡眠不足会导致饥饿素增加，让我们一直感觉到饥饿，同时瘦素降低，新陈代谢也变慢，进而导致变胖。而且睡眠不足会导致血液中的大麻素增加，大麻素也会增加饥饿感。

有些人每天熬夜，还试图通过熬夜能减肥来安慰自己。实验证明就算一整夜没睡也只会烧掉 147 卡路里，一碗米饭就吃回来了。所以用不睡觉来减肥是万万不可行的，不仅减不了肥，还会因为长期的睡眠缺乏导致饥饿素、大麻素增加，瘦素减少，反而变胖。

（二）聪明的梦

梦，不是无中生有的，不是荒谬无稽的，也不是部分意识的不清醒，而是只有少部分意识似睡实醒的产物。梦是一种非常有意义的精神现象，它是清醒状态下精神活动的延续，它来源于高度纷繁复杂的智慧活动。

梦，是生动有趣的，是变幻多端的，是奇妙无比的。长期以来，不同的心理学流派对于梦的解释也有着各种不同的观点。精神分析的观点认为梦是潜意识的表现，是通往潜意识最可靠的途径；生理学的观点认为梦的本质是我们体验到大脑随机神经活动的感受；认知观点则认为梦将我们的知觉和行为经验重新编码整合形成了知识……

1. 梦是愿望的实现

梦一直以来都是令人们着迷的话题。我们经常在梦中经历各种各样奇幻的事情，有时候甚至能够在梦中实现自己的愿望。弗洛伊德认为，在一定程度上，梦使人的欲望得到了满足，从这个意义上讲，梦是愿望的达成，也可以说是人的性本能和攻击本能的反映。因为在清醒状态下，这些愿望和冲动因为不符合伦理道德、社会观念等而被压抑，但梦是很聪明的，在梦中，人会直接或间接涉及这些愿望和冲动，使人在现实中的压抑得到释放。

今年，一项突破性的科学发现表明，在梦中实现任何愿望这一想法将变为现实。这项发现来自多位科学家共同进行的一项实验。在此实验中，他们招募了一百名志愿者并让他们每天晚上记录下自己的梦并且进行详细的描述。

然后，科学家通过采用新型的脑电图监测技术来观察志愿者的脑电波活动情况。通过不断的实验和分析，科学家们最终发现，当人们在梦境中专注于某一个特定的愿望时，他们的脑电波就会呈现出与现实生活中实现该愿望时相似的模式。这也就意味着，梦中产生的这些愿望不再是虚幻的幻想，而是真实的、是具备实现可能性的愿望了。

为了验证这个发现，研究组的成员又进行了进一步的实验。他们组建了几个实验小组，让每一个小组的成员在一个星期里在梦中专注于不同的愿望，如恢复健康、获得财富等。接下来，他们就会记录每个小组成员在梦中实现自己专注的愿望的情况。令人感到惊奇的是，竟然有超过80%的参与者在梦中都成功地实现了自己专注的愿望。在其中，一些患病的人发现自己在梦中已经完全康复，一些想要暴富的人在梦中已经获得了巨额财富……

然而，这一突破性的科学发现也引起了广大人民群众的关注和讨论。有些人猜测，梦中实现自己愿望的这种机制可能与我们的潜意识相关。当我们在专注于实现某个愿望时，我们的潜意识就会在梦境中以一种更加真实并且拥有无限可能的方式去工作，使我们能够实现自己的愿望。

但是对于我们来说，愿望不能只是靠梦来实现，更多的是要靠我们在现实生活中不断努力、不断拼搏去实现它。

2. 梦促进记忆固结

梦是我们大脑的一种记忆形式。在我们睡觉的时候，我们大脑会自动整合一些之前或最近接收的信息，这些信息最后成为加工梦的原材料然后储存到我们的记忆中。在梦中，我们不仅会回忆起这些基本信息，通过大脑的随机神经活动，我们还能回忆起很多相关的事情，重新唤起一些童年的经历或生活的碎片，加强它们在大脑中的储存。

2010 年，有研究人员发现，在一个穿越三维迷宫的实验中，在第二次尝试穿越迷宫之前小憩一会儿并且做了一会儿梦的人比在两次尝试越之间醒着思考以及睡了但没做梦的人表现要好 10 倍。研究者推断，某些特定的记忆只有在我们睡着的时候才会发生，我们的梦就是这一过程的触发机关。最新研究表明，快速眼动睡眠期间 ABN（海马体中的成年神经元）的突触变化等活动有助于巩固记忆。

3. 帮助问题解决

当我们遇到一些关键问题无法解决时，有些人会选择睡觉，这不代表逃避，可以理解为有时候我们遇到一道数学题百思不得其解时，有些人说"我脑袋做题做得有点疼，要不睡会儿觉吧"，睡醒后就突然发现在梦中的时候把这题给解出来了。为什么会出现这样的情况呢？这是因为我们在睡觉的时候，潜意识还是处于活动状态的，潜意识帮我们解决了这个问题，只是以梦境的形式视觉化展现出来而已。

最新研究发现，人们的确能在睡觉的时候解决一些问题，不仅如此，美国研究人员从进化论的角度解释，梦本身也在不断地自我升级，以便于更好地帮助人们解决清醒时困扰我们的问题。

4. 梦缓解应激

应激是指危险的或意料之外的外界情况变化引起的一种特殊的情绪状态，生活中很多重大事件对我们的打击是很大的。例如当我们在现实中遭遇亲人的离世，这种突然的强烈的刺激导致我们出现应激的情绪状态。但是在梦中，我们可能会梦到亲人又活了，像之前一样和我们一起生活，使我们痛苦、焦虑、悲伤等情绪得到调节。

相信绝大多数同学都做过噩梦，那你知道为什么科学家说噩梦也是有好处的吗？瑞士和美国科学家在对噩梦进行了大量分析后，最终确定当人类处于噩梦状态的时候，大脑中的某一些区域会因此被激活，也就是说噩梦可以更好地让我们应对生活中可能的应激事件。

这也是梦的聪明之处，它能通过帮助我们缓解应激来保护我们，避免创伤后应激障碍等疾病。

5. 梦增强创造力

长期以来，科学家一直在思考做梦和创意灵感之间的关系。在 2023 年 5 月 15 日发表在《科学报告》上的一项研究中，研究数据表明，通过小睡一会儿进入睡眠状态的人比那些在清醒状态下的人在创造力测试中得分高。这项研究就比较有力地证明了梦能增强创造力。

科学家一直认为这些创意灵感来自睡眠的快速眼动阶段，这个阶段也是我们经常做梦的阶段，它开启了我们一小时及以上的睡眠周期。但新的证据将来源集中在"暮光区"，一个介于睡眠和清醒之间的阶段，也被大家称作创造性爆发的沃土。

更神奇的是，科学家们发现他们可以通过对正在做梦的人进行一定程度的干预将人们的梦引向特定的主题，发现特定的主题出现在越来越多人的梦中，在该主题相关方面的创造力也会有增加。

6. 梦解决矛盾冲突

在现实生活中，本我和超我之间时常存在着各种各样的矛盾和冲突，这时候自我的防御机制就起到了调节作用，扮演了一个中间协调者的角色，我们的梦也同样具有这样解决冲突的作用。

当我们在现实生活中遇到令自己十分困扰且无法解决的冲突矛盾时，聪明的梦时常就会出面帮我们解决，做梦时我们的潜意识仍处于活动状态，潜意识会通过本人的思维、情感、行为等一种特殊的思维方式，以保护自我为基础来帮我们解决我们的矛盾冲突。

梦也常常通过自我惩罚来解决内心的矛盾。例如当我们在现实生活中伤害了他人，内心感到不安、愧疚甚至罪恶时，我们就可能会梦到自己在梦中受到了惩罚或者一定的伤害以此来达到解决内心矛盾的目的。

梦首先解决的是现实与愿望之间的矛盾，在现实中饥饿就在梦中饱餐，在现实中贫穷就在梦中富裕；梦解决的第二个就是欲望、愿望和道德规范体系之间的矛盾。梦不仅解决了矛盾，给出了解决矛盾的直接结果，还创造了解决矛盾的方式。

7. 梦调节情绪

在现实生活中我们白天遇到的不愉快的事情等信息会使我们产生消极的情绪，如悲伤、失望、沮丧、愤怒等。在梦中，我们很可能会进入与这些接收到的信息相反的梦境，使我们的消极情绪得到很好的调节。例如白天我们因迟到被罚了而伤心，梦里我们并没有迟到；白天我们因比赛失败而沮丧，梦里我们赢得了比赛；白天我们因遇到无理取闹的人而愤怒，梦里我们并没有遇到……

意大利的一项研究实验中，研究人员发现90分钟左右的包含REM（快速眼动睡眠）睡眠期的午睡，可以很大程度缓解被试者愤怒、恐惧等负面情绪，使人感受到快乐。在实验中我们也可以了解到，梦可以通过构建一些情景的回忆来帮我们处理消极的情绪，包括遗憾、焦虑、愤怒、过度的渴望等，从而使我们释然，达到最终缓解消极情绪的目的。

（三）生活中的催眠

听到催眠一词，很多人都会觉得它好像很神秘，对催眠的第一印象或许还停留在《惊天魔盗团》中打一个响指被催眠，电视剧中来回摆动一个怀表被催眠，短视频中3秒钟被催眠，但其实催眠并没有我们看到的那么简单，它需要被催眠者有易受暗示的特征以及催眠师具有较强的专业素质。

1. 催眠是什么

首先我们讲一下催眠是什么，它是如何定义的。催眠是催眠师通过连续、反复的刺激将被催眠者引入一种被高度暗示的意识状态。教案里的定义是当自己注意到某个目标并可以专心地思考某个问题的时候，我们自己就会慢慢被这个问题或者目的所吸引，甚至完全沉浸进去，这时候我们的自我意识就会变得越来越模糊，对周围世界的感知也越来越差。

例如当我们的孩子在聚精会神地玩游戏的时候，我们叫他们，他们却没有反应；生活中有些人完全沉浸在自己的世界里时，外界的各种因素都不能干扰到他们，这就是催眠状态。

催眠的导入方法有放松法、数数法、凝视法、数息法、下降法等等。

2. 被催眠是什么感觉之四大误解

对催眠的误解之一——我们会在催眠中睡着或者失去意识。

通过上述定义，我们就能知道催眠并不是睡眠，而是一种似睡实醒的意识状态。从神经科学角度分析，被催眠者在催眠中并没有失去意识，反而是处于一种注意力集中的状态，是有意识、有警觉的，甚至陷入深层催眠的人能够在某种程度上对外界现实做出反应。

对催眠的误解之二——催眠中让我做什么我就会做什么，让我说什么就说什么。

或许是看了电影里面很多人被催眠后就像被控制一样对催眠者言听计

从，又或许是听了传言被人催眠了，就可以套出银行卡密码。

然而，在实际的催眠中，我们并不会做违背自己意愿的事情。因为催眠只是通过各种各样的方式让我们的身体达到一个放松的状态，以此来达到意识的放松。在这种状态下，我们更能够打开自己的潜意识，将自己平常被压抑和困惑的事情展现或表达出来，就像喝醉酒吐露真心一样。

对催眠的误解之三——人都可以被催眠。

在人群中，有10%～20%的人易被催眠，但也有10%的人不能够被催眠。这是因为不同的个体，受暗示的程度、思维堡垒的坚固程度、语言理解能力等都不一样。

然而，易被催眠的人通常需要具有以下特征：

①拥有丰富的想象力；

②经常做情节生动的白日梦；

③很容易沉浸在眼前或想象的场景中；

④具有较强的依赖性，经常寻求他人的指点；

⑤对于催眠的作用深信不疑。

对催眠的误解之四——催眠具有神奇的能力，能让人坚硬如铁、回溯今生等。

有些人觉得催眠之所以能让人坚硬如铁是因为看了人桥实验，就是人躺在悬空的板凳上，肚子上可以站一个成年人。但是催眠并不是给了被催眠者坚硬如铁的能力，只是通过暗示降低了他的感觉，现实中也可以这样，只是人会感觉到很痛而已。

至于回溯今生，那是经过诱导后在意识放松后的一种投射和想象。而且大量的研究也表明了头脑并不能原封不动地储存那些记忆供日后准确地回忆，可以回忆到那些记忆的片段，也可以回忆到从未发生的细节。

3. 生活中的催眠现象

（1）广告

"Please drink Coca Cola! Please eat popcorn."这是一个很著名的广告语，在那个时候，可口可乐并没有现在这么火爆，但是在他们把这则广告插入电影中，以正常人难以察觉的千分之一秒的速度播放，呈现了69次后，那个月的可口可乐销量就增加了19%，爆米花也比之前多卖了45%。

这就是广告中体现的心理学。我们身边还有很多那些深入人心的广告，例如"步步高点读机，哪里不会点哪里""你没事吧？你没事吧？你没事吧？没事就吃溜溜梅""什么香香脆脆我们都爱，美好时光海苔""你爱我，我爱你，蜜雪冰城甜蜜蜜"……这些侵入性的广告语让我们进入被催眠状态。

（2）爱情

弗洛伊德曾说："从爱到催眠只有一步之遥。"部分人的爱和催眠是有很多相似之处的，面对催眠师和所爱之人，都会不自觉地服从、都会失去自我判断、都会心甘情愿且绝不怀疑、否定对方。

现实中的"骗婚""杀猪盘①""PUA②"等行为背后的本质也就是人被爱情催眠。拿爱情中的 PUA 来举个例子。

PUA，全称是 Pick-up Artist，字面意思是"搭讪艺术家"，原本的意思是指男生通过系统化的学习和实践来不断提升自己并完善自己和女生之间交往的情商，但是现在演变为一种精神控制术。PUA 最常见的"五步陷阱"就是"好奇—探索—着迷—摧毁—情感虐待"。

从科学心理学的角度分析，PUA 其实本质上是一种清醒催眠的过程。清醒催眠需要具备两个必要条件：其一是催眠者对被催眠者来说要有很高的权威，甚至是达到了让对方膜拜的程度，而且被催眠者对催眠者越信任，被催眠者越容易被 PUA；其二是催眠者说的话能够绕过对方的批判性思维和理性思维。

那么很多人是不是很好奇那些人是如何一步步被 PUA 的呢？

首先他们会建立一个美好的人设，例如成绩优异、肤白貌美的白富美，事业有成、善良热心的高富帅等能够让被 PUA 者膜拜，至此也就达到了清

---

① PUA，全称 Pick-up Artist，意为"搭讪艺术家"，俗称"恋爱大师"，原指一方为了发展恋情，系统性地学习如何提升情商和互动技巧以吸引对方，直至发生亲密接触。目前多指在一段关系中一方通过言语打压、行为否定、精神打压的方式对另一方进行情感操纵和精神控制。参见史全福. 职场PUA对员工绩效影响的研究 [D]. 北京：北京化工大学，2024.

② "杀猪盘"，是指诈骗分子在以恋爱交友为手段获取被害人信任后，伺机引诱被害人到事先建好的赌博网站参与网络赌博，通过操纵赌博结果等方式骗取受害人钱财的新型诈骗犯罪。参见邹世杰，王明生. 大数据视角下"杀猪盘"电信诈骗犯罪的被害预防研究 [J]. 网络安全技术与应用，2023（2）：149-151.

醒催眠的第一个条件。

然后他们会在生活中找被 PUA 者的小错误，借此来不断地对其进行攻击、责骂和否定，将这些小错误不断放大，上纲上线，令被 PUA 者产生一种内疚自责的心理。

不仅如此，他们还会痛哭流涕、砸东西、吼叫、以爱之名说自己很痛苦，像"我这么爱你，你怎么能这样做"就是典型 PUA 语录，他们的目的就是让被 PUA 者逐渐丧失理性，内心产生强烈的内疚、自责，甚至是自罪感。

如果被 PUA 者在这个时候感到愧疚、无地自容，那就刚好掉进他们的陷阱，至此达到清醒状态的第二个必要条件，他们的言语已经避开了被 PUA 者的批判性思维和理性思维，也就完全进入清醒催眠状态。

接着他们会通过运用一些恶劣的手段让被 PUA 者对其产生恐惧、害怕以及不得不屈服的心理。因为人通常在内疚、自责后会产生一种弥补心理，这时候被 PUA 者很可能接受他们拍裸照的无理要求，进而使他们掌握被 PUA 者的把柄，对其产生恐惧。人在这种濒临崩溃的情况下，是近乎失去理智的，这时候被 PUA 者就属于完全被控制的状态，也属于被重度清醒催眠。

最后他们会提出更多更加过分的要求来达到最终的目的。例如骗取被 PUA 者的钱财，对 PUA 者虐待、侮辱来满足控制欲等。

我们在恋爱中要避免被 PUA 首先就要审视自己的内心，我们是否对自己的恋爱对象有一种膜拜的心理，尽管对方确实十分优秀，也要有一个警觉意识；其次就是审视自己从小与异性的亲疏关系，是否与家长有矛盾疏离，是否遭受过异性的心理创伤，是否对恋爱对象抱有不切实际的幻想，如果这些都有，那么我们在被 PUA 的过程中可能很快丧失理智，需要更加谨慎；最后就是尽力修复心理创伤，努力提升自己，实现心理、人格以及经济的独立。

（3）传销

曾看过一条通过"招工"骗人上钩的新闻，把人关在房子里，提供吃住，没收手机，每天洗脑、谈心、画饼，按照固定的流程，让人进入那个情景中，容易受暗示被催眠然后发展下线。

4. 催眠的应用

催眠在现实中的应用十分广泛，特别是在心理治疗、犯罪侦破、医学方面，包括儿童行为问题、身心疾病、人格障碍、其他适应证等。

三、梦守护人

俗话说："日有所思，夜有所梦。"很多人常常对梦有着误解，认为梦做多了就是睡眠质量差，对身体不好。但新的科学证明，梦非但对身体无害，反而有益。

做梦其实就是潜意识的体现，在我们的潜意识中，大多时候都是以保护自己健康为前提。下面我们就通过身体和心理两个方面来谈谈梦这一话题。

（一）梦能缓解疲劳，调整身体

忙碌一整天后身心俱疲，而我们时常会感到睡一觉舒服多了，这是为什么呢？疲劳是因为我们在体力活动和脑力活动后身体消耗了大量能量，这时候血液中的葡萄糖无法满足身体的需要，就会分解自身的脂肪以提供能量，从而产生乳酸堆积，这就是疲劳的生理表现。

然而人在做梦的情况下，不仅减少了脑力和体力劳动造成的能量消耗，同时睡眠过程合成的新蛋白质也保证了身体的需要。

（二）梦能调节心理，释放情绪

如果我们前一天晚上做了一个好梦，那么我们第二天可能就会心情愉悦、精力充沛；相反，如果我们前一天做了一个噩梦，第二天我们就可能心情焦虑、烦躁不安。由此可见梦对我们情绪的影响之大。

心情不好的原因是我们白天所接收到的信息，发生了令我们心情不好的事或是有令我们不愉快的人和物。例如我们经常会在梦中梦到与白天接收信息相反的情景来让我们释放白天的坏情绪，达到心情愉悦的目的。

从精神的角度分析，做梦就是欲望的满足。每个人无论高低贵贱都有自己的欲望，这些欲望因为社会道德等各种因素而被压抑，做梦就是让我们被压抑的欲望得到满足，被压抑的情绪得到释放。

从中医的角度分析，我们做梦的内容与我们的五脏六腑有很大关系，多梦和失眠一样都是人体内在气血阴阳失和，导致神魂不宁。总的来说，梦见唱歌是脾气太盛，梦见开心大笑是心气太盛，梦见恐怖的东西是肾气虚，梦见悲伤哭泣是肺气虚，梦见发怒是肝气太盛……

四、暗示无处不在

心理暗示指人接受外界或他人的愿望、观念、情绪、判断、态度影响的心理特点，是人们日常生活中，最常见的心理现象。著名心理学家巴甫洛夫认为："暗示是人类最简单、最典型的条件反射。"在生活中我们无时无刻不在接收外界的暗示。

（一）暗示的种类

1. 语言暗示

语言暗示是指通过一种非直接的方式来影响他人的思想和行为的一种心理现象，可以通过言辞、表情、声调等多种形式来进行，对人们的思维和行为产生潜移默化的影响。

语言暗示可以直接影响人的潜意识，从而改变其认知和行为。比如，当一个人对另一个人说"你看起来很累"，可能会让对方在潜意识中真的产生疲惫的感觉，进而影响其情绪和行为表现。这种暗示往往是通过言辞和语气来进行的，对方可能并不会有意识地察觉到暗示的存在，但其行为和情绪却在不知不觉中受到了影响。

作家三毛曾说过："每天对着镜子笑三次，并说我会很快乐的。"语言是有力量的，积极的语言能使人产生积极的情绪，改变消极的心态，让我们保持愉快的心情。当我们感到忧愁或沮丧的时候，大声地对自己说："我现在很开心！"这句话虽然简单，却蕴含着强大的能量，通过给自己一定的语言暗示，我们可以激励自己迈出向前的步伐，克服困难，寻找希望和乐观的态度。

因此，让我们时刻保持积极的语言暗示，相信自己，相信生活中的美好，奇迹也许就会不期而遇，让我们变得更加快乐、乐观和积极！

可以每天对自己说：

①我有价值，我很重要；

②今天我能克服遇到的任何困难；

③我自我鼓励地开启每一天；

④我每天都值得快乐；

⑤我始终朝着正确方向前进；

⑥我无条件相信自己；

⑦我能吸引好事降临；

⑧我要做真实的自己，遵从自己内心的意愿。

此外，语言暗示还在广告、销售等领域发挥着重要的作用。广告中的语言暗示往往能够引起人们的共鸣，并在不知不觉中影响人们对产品或服务的看法。比如，在一个婴儿用品的广告中使用"给宝宝最好的呵护""让宝宝更健康"等语言暗示，往往能够得到家长对产品的信任并激发其购买欲望。这种语言暗示通过激发人们的情感和需求而使产品或服务在市场中获得更好的销售效果，占据优势地位。销售员在销售过程中也会通过语言暗示来促进交易的达成，比如使用"您一定会喜欢我们的产品""您的居住环境会变得更加舒适"等语言暗示来引导客户做出消费决策。

2. 动作暗示

动作也能泄露内心？

没错！而且这些动作的含义清楚明了得令人吃惊。有研究表明，在人际交往中，55％的交流来源于肢体交流，肢体动作所传达出来的信息是有声语言的数倍。在实际生活中，动作是人们内心世界的具体反映。

不同动作行为暗示不同心理活动。一只手托着脸颊代表什么？手指遮住鼻子或嘴巴代表什么？不停揉搓耳朵代表什么？对方与你交谈是愉悦还是不耐烦？我们都可以通过对方的动作得出答案。

现在就让我们一起通过动作表现，进入对方内心世界，看看谈话时，坐在对面的人都在暗示些什么内容吧。

（1）前倾

人们对聊天内容感兴趣与否可以通过姿势判断。若是想深入交流，人们会上身前倾，探头过去。而说话人要是见对方感兴趣也同样会上身前倾。

（2）愉悦

如果你发现对方谈话的时候，其中一根手指在空中晃动，说明交谈中的某个细节让他感到非常兴奋，他很享受你们的聊天。这个时候，你不妨点头、微笑，对他的话题表示赞许，给他继续说下去的动力。

（3）放松

与人们五指紧握时的戒备状态相反，对方谈话时放在桌上的手若呈摊开状态则意味着放松，证明对方已经接纳你。手指方向稍稍朝向掌心也是如此。五指摊开的动作还表明此人性格活泼开朗，容易融入社会，融入他人，不会当面一套背地一套。

但当你察觉到对方出现下述动作时，不妨考虑换个话题聊或者干脆停止对话，让对方缓解一下心情吧！

（4）如坐针毡

人们对眼前谈话提不起兴趣时，会表现出一副如坐针毡的样子，如不停变换姿势或不停地跷二郎腿，不停看手表，呼吸变得急促或不规律。这种姿势体现了当事人对话题不感兴趣或厌烦的心理。这种姿势也可以看作当事人想打断对方却缄口不言，仍然苦苦忍受着。

（5）厌倦

当人们感到厌倦时会打哈欠或因为控制打哈欠而流泪，同时表现出重复做某些相同的姿势和动作，并时不时转笔等，这时或许你可以结束对话了。

（6）拒绝

当你发现你的聊天对象把双肘支在桌子上，双手交叉时，他可能是要拒绝你的提议或建议了，这种动作表示"拒绝"的意思，手支起是想要搭起屏障，阻挡对方，起到一定的保护作用。

3. 表情暗示

人们常说"人不可貌相"，但是在实际的日常交往中"以貌取人"却是十分重要，也是十分有用的。不用开口，面部会说话，我们往往能够通过一个人的相貌、五官的细微变化捕捉到重要的信息，从而解读出他丰富内心的变化，一个眼神、一次蹙眉、一次噘嘴……都暗示着丰富的信息。

微表情最短只有 0.04 秒，虽然只是很短暂的时间，但因为是无意识的，往往会暴露出真实的情绪。根据保罗·艾克曼和华里达·弗里森的研究，人类可以通过面部表情来传达大约七种基本情绪，包括快乐、悲伤、愤怒、惊讶、恐惧、厌恶和中性。

（1）惊讶

眉毛微抬，上扬并弯曲；眉毛下方的皮肤被拉伸；前额出现横纹；上眼睑提升，瞳孔露出较多，眼睛睁大，下眼皮下压，虹膜上方巩膜露出，有时下方也可见；嘴巴放松，下颚下垂，上下嘴唇分离。

（2）害怕

眉毛上扬并挤作一团；鼻孔张开；前额的皱纹位于中央，而不是横贯前额；上眼皮上抬，露出上方巩膜，下眼皮紧张并上抬；嘴张开，双唇回缩，略显紧张或者被横向拉伸。

（3）厌恶

上、下唇上抬，下唇向上唇靠拢，或者下压并略向前凸出；皱鼻子，鼻翼两侧挤压形成鼻唇沟；脸颊上抬；下眼皮上顶，但不会发紧，其下方出现皱纹；眉毛下垂，致使上眼皮下压，眯眼。

（4）愤怒

早期表现为脸色变红，随着愤怒的加剧，脸会越涨越红；眉毛下垂并挤作一团；前额紧皱；两条眉毛中间出现纵向皱纹；上眼睑下压，下眼皮紧张；眼神强势，目光通常紧紧盯住目标，眼睛可能鼓起；嘴唇有两种基本态势，紧闭型，嘴角方向水平或向下，开放型，紧绷，张开近似方形，呈怒吼状。

（5）幸福

嘴角回缩并上扬，嘴巴或张或闭，牙齿或隐或现；出现鼻唇沟；脸颊上抬起皱；下眼皮可能上抬，但不紧张，其下方出现皱纹；眼睑收缩；外侧眼角处形成"鱼尾纹"，向外延伸。

（6）悲伤

眉毛内角上扬并挤作一团，但整体眉毛保持下压；眉毛下方皮肤呈现三角形，内角上扬；上眼皮的内角上抬；嘴角下拉，或者嘴唇颤抖；下巴抬起或收紧；两眼无光。

总的来说，表情暗示在人类社会和生活中具有重要的作用。通过观察他人的表情，我们能够迅速了解他们的情感状态，从而更好地理解对方的需求和意图。因此，表情暗示可以在人际交往中起到沟通桥梁的作用，减少误解和冲突，增进彼此之间的理解和信任。

4. 自我暗示

自我暗示是指个体通过内在的思想、言语或行为来改变自身信念、态度和行为的过程。

有这么一个有趣的心理学效应——皮格马利翁效应。皮格马利翁，希腊神话中的塞浦路斯国王，善雕刻。他不喜欢塞浦路斯的凡间女子，决定永不结婚。之后他凭借自己精湛的技术用象牙雕刻了一座美丽的少女像。在工作中，皮格马利翁把全部的精力、热情、爱恋都赋予了这座雕像。他像对待妻子那样抚爱她、装扮她，为她起名加拉泰亚，并向神明乞求让她成为自己的妻子。爱神阿佛洛狄忒被他打动，赐予雕像生命让他们结为夫妻。[1]

神话故事"皮格马利翁效应"后被心理学家罗森塔尔证实，也称"罗森塔尔效应"，随着生活中的广泛验证，也被大众称为"期待效应"。

不过在这一效应中，我想强调的并非"他人期待"，将"他人期待"转换为"自我期待"才是最重要的。表扬和期待对个体产生巨大的影响力。当一个人受到鼓励和期待时，他会感到被关注和支持，从而增强自信心并产生积极的行为变化，他会努力达到他人的期望，以保持这种社会支持的连续性，并找到向前发展的动力。因此，表扬、期待、赞美和鼓励是促使个体不断进步和成长的重要因素。

你是否遇到过类似情况？

①害怕说出内心真实的想法，不敢展示真实的自我？

②明知道找人帮助更好，却难以提出请求？

这是一种不自信的表现。我们需要肯定自己，并合理利用罗森塔尔效应让自己变得更自信，为自己创造积极的期望，相信自己一定能成功。一旦你勇敢地迈出第一步，那么成功只是时间问题。

只有明白自己想成为什么样的人且努力去做，尽力做到最好，才能提

---

[1]　陈慧. 赞美的力量 [J]. 生活教育，2017（6）：24-25.

升自己，实现自我期望。

罗森塔尔效应的重要性不仅在于它是心理学的重要理论，它更向我们揭示了一个道理：期望、影响、预言或暗示等心理作用是有着实实在在的影响力的，它会影响事件的发生和个人的发展，最终自证预言。

如果你所相信的事物是正面的、积极的，你就会找到更多能够支持这个信念的正面信息和证据，从而使你变得更加积极乐观。例如，一个人通过对自己说"我能行""我有能力"等积极的自我暗示语言，可以在压力和挑战面前保持冷静，克服困难，取得成功。

但如果你所相信的事物是负面的、消极的，你便只能找出支持这个信念的负面信息和证据，这样你也会变得更加消极和悲观。例如，一个人对自己说"我一无是处""我做不到"等消极的自我暗示会导致自我怀疑、消极情绪和失败预期，从而阻碍个体发挥潜力，难以实现自身目标。

不过要注意的是，自我暗示并不是神奇的法宝，它也有一定的局限性。个体需要具备自我控制能力和实现自我暗示的目的。此外，自我暗示也不是一劳永逸的，需要持续地实践和坚持才能产生长效的影响。

（二）暗示的作用

1. 他人暗示——罗森塔尔效应

他人暗示，作为一种心理现象，指的是在无对抗的条件下，通过语言、表情、姿势及动作等间接方式，将某种观念或行为传递给他人，进而影响其情绪和行为。它具有普遍性、非强制性和隐蔽性的特点。1966年，罗森塔尔与心理学家雅各布森合作进行了一项著名的研究，进一步揭示了他人暗示的深远影响。

在这项研究中，罗森塔尔来到一所学校，随机抽取了几名学生的名字，并假称通过测试发现这些学生具有尚未显现的卓越学习天赋。出乎意料的是，经过罗森塔尔的肯定后，这些被点名的学生在期末测试中取得了比以往显著更高的成绩，甚至超过了其他学生。罗森塔尔坦言，这其实是学生潜藏的自信和期望在外界暗示下的外化表现。因为被"判断"为天才，学生产生了自我激励，从而更加努力，最终取得了优异成绩。

这一现象，即期望产生实际效果，被罗森塔尔命名为"皮格马利翁效应"。由于罗森塔尔是首位进行此类实验研究的心理学家，因此这一效应也被后人称为"罗森塔尔效应"或"丑小鸭实验"。它揭示了我们对人投注的期望和信心，如同神话中的皮格马利翁一样，具有改变一个人命运的力量。

我们总是会不由自主地受到自己信任、崇拜和喜欢的人的影响。当这些人给予我们鼓励、期望与赞扬的暗示时，我们就会变得更加努力和积极。这就是"罗森塔尔效应"的神奇作用。积极的心理暗示是一种强大的力量，当它转化为对自我认知的自信和对未来成长的期望时，人自然而然就会变得更加自信和强大。

综上所述，"他人暗示"作为一种深刻的心理作用机制，对人的自我成长过程产生了显著且神奇的影响。在个体发展的漫长旅程中，自信心的建立是至关重要的一环，它不仅是个体心理健康的重要标志，也是实现自我价值和社会适应能力的基石。而积极的心理暗示，作为一种有效的心理干预手段，无疑扮演着推动我们成长和进步的重要角色。它通过激发内在的潜能、增强自我认知的积极面向，以及塑造对未来充满希望的预期，为个体的自我成长和发展提供了源源不断的动力和支持。

2. 自我暗示——安慰剂效应

心理暗示就像一粒种子，种下发芽，积极的心理暗示能够使其长成遮风避雨的参天大树，让我们越变越强大。

大家是否听说过安慰剂效应？二战期间，美军在攻占意大利南部海滩的战斗中一早就用完了镇痛剂，面对数量不断增多的伤病员，军医迫于无奈，只能用生理盐水取代药物溶液，并谎称这是强力镇痛剂。猜猜发生了什么？像镇痛药物一样，生理盐水也有效地抑制了伤病员的疼痛。可只有军医知道，这只是心理作用。

有时候，一些平常的东西会因为某种原因具有强大的威力，如果再加上语言的感染，配合周围人的宣传和其他途径，那么安慰剂的效果还会更加显著。这也是为什么很多老人被保健品公司欺骗，却依然坚信保健品的有效性。正如中国俗话说："信则灵。"

有一位老人被医院确诊为胃癌，乐观的他并没有陷入悲观情绪，觉得人生百岁总有一死，自己已经享受了很多美好瞬间，能多活一天就是胜利，他把癌症视为敌人，积极配合治疗，坚信"两军相遇勇者胜"，并不断进行自我暗示："只要保持良好的心态，癌症完全会被战胜，自己也会渐渐好起来。"

服药时想着："这个药很好，吃了一定有效果……"

走路时想着："生命在于运动，运动让我重返健康……"

就这样长期坚持积极的自我心理暗示，10 多年来不但病情稳定而且症状消失，越来越充满信心。

因此，老师要在教育教学中一定要告诉学生，相信相信的力量，相信凡事发生皆有利于我，相信自己，拥抱自己，此后外界人和事，也会因为你的改变而发生改变。积极的心理暗示，可以让你成为你想成为的人。

—— 第四章 ——

好的记忆策略促进学习：事半功倍

实例引入：没有妈妈的关心，生活毫无意义

小 J，男，21 岁，小 J 家里还有一个 5 岁的弟弟，跟父母一起生活，经济条件一般。小 J 是因反复想自己的妈妈为什么不关心自己想到睡不着觉而前来咨询的。小 J 主动求助，目标是弄明白自己为什么有这样的想法。

小 J 找第二个咨询师前，去咨询室咨询过一次，但是感觉不满意，小 J 第一次咨询感觉咨询老师不重视，一是迟到，二是随便给点建议就打发自己了。就没有再去了，后来感觉睡眠都出问题了，并且情绪失控问题频繁出现，再一次通过辅导员的介绍来咨询。

分析：从这里可以看出，小 J 非常敏感，对老师这个权威都是很挑剔的，而且记忆深刻，一下子影响到他的下一步行为，哪怕时间隔了很久，依然能对一个只见过一次的老师印象如此深刻，甚至能在咨询室跟第二个咨询师描述得清晰准确，情绪丝毫不掩饰。

小 J 家里有爸爸、妈妈和弟弟，妈妈对弟弟照顾有加，对自己基本不太关心，一个月都不打电话给小 J，小 J 一看到妈妈照顾弟弟那么好，自己就情绪崩溃。

分析：妈妈表示小 J 都这么大了，都是大学生了，不可能像小时候那样黏着。同时，估计很多家庭的妈妈都是这样的带娃状态，只不过带出来的娃没有大的问题，但小 J 不一样，弟弟的出生显然刺激了他深深的创伤记忆，记忆中妈妈没有这么对自己好过。

小 J 还只有 1 岁多时就由奶奶带，小 J 10 岁前基本由奶奶抚养，跟奶奶

感情好，觉得那时是快乐和自信的。从那以后就过得非常绝望。小学四年级跟妈妈在深圳读书，城乡差异导致了很多不愉快的经历，但妈妈没有关心他，他又要强，没有把学校发生的事情告诉家人，但容易生气。初中回老家读，单纯被骗，没有妈妈关心他，半夜去过网吧，一个人关起门来哭，恨这个世界。亲戚朋友经常开自己玩笑，包括长相，他经常偷偷离家跑出去哭，又是妈妈没有关心。高二有意识开始与情绪对抗，发狠学习，集中精力考大学，奶奶是情感上的动力，那时学会了抽烟、喝酒。大二开始跟妈妈生气升级，看到家人和亲戚有爱的温馨场面就会受刺激，并只向妈妈生闷气，过年的时候又是离家出走，又是摔手机，表达愤怒。

分析：没有妈妈陪伴的日子深深地伤害了小J，这种记忆留在了大脑最深处，每次碰到困难就会激活没有妈妈的痛苦记忆，这种记忆好像有了开关，只要被生活中的事情一按就能自动打开，妈妈的缺失成了一切痛苦不能治愈的根源，妈妈的力量一直是神一样的存在，哪怕后来自己有了一些努力，但依然敌不过妈妈的关心，一切的痛苦都固着在没有妈妈的关心这一点上，然后像小时候一样情绪爆发。

小J认同奶奶，在奶奶那里有自信，妈妈总是不关心自己，又不想跟妈妈倾诉。爸妈的要求会照做，但内心情绪很大，没有情感，不是心甘情愿。渴望妈妈的关心但又不会表达。一般人际关系想接触但不敢亲近，没有情感的交流，怕受伤害，只是表面上的交往。他经常容易受到情绪的影响，学习效率不高，睡眠饮食受影响。小J很脆弱，内心不稳定，不自信，敏感，不信任别人，在乎外界的评价且情绪容易崩溃，妈妈关心下就好，不关心就崩溃，容易情绪崩溃。妈妈超过3天不打电话，很久不跟他说话，在家看到妈妈对弟弟好，就会情绪崩溃，屡次离家出走，屡次跟妈妈电话说需要关心，妈妈一旦忽略了他就崩溃，就会摔手机，离家出走，从10岁起，就开始因为妈妈的忽略经常情绪崩溃，但是不知道表达和沟通，只是经常跟妈妈生闷气，妈妈多跟他说话多关心他就会好些，但是妈妈表示他都这么大了，不应该像小孩一样去对待他让他非常不能理解。

分析：妈妈的关心才能抵御外界的评价，没有妈妈的关心内心就像玻璃，碎了一地，小J的身体记住了小时候妈妈不在身边保护自己的痛苦记忆，这记忆像是一个黑洞，不断地牵引着他，哪怕他现在已经很大了，依然渴望这种力量，执着于这种力量，没有妈妈关心的日子太可怕了，以至于影响久远，时刻退回到孩童时代的心理需求，没法前行。

小 J 谈到自己时很消极，不能受一点刺激，生活无趣，特别累的时候想到跳楼，跳池塘，撞墙，高二的时候情绪明显开始不稳定，中午 90% 的时间不能睡，晚上三分之二的时间不能睡，这种状态一直持续。大二开始胃口差，早晚只想喝粥。现在就是老想着妈妈怎么会这么没感情，把弟弟又照顾得很好，想不明白，甚至都怀疑他不是亲生的。

分析：需要的缺失导致功能受损，痛苦的记忆恶性循环，进一步导致心理问题，并且升级到生理反应，事实上，弟弟的画面反衬了小 J 痛苦的记忆，越缺失就越会自主加工成痛苦的记忆，妈妈还是那个妈妈，本质上没有变化，变化的是人心。

（咨询片段 1）

咨询师：感觉你每次受到刺激时，情绪非常强烈，那是怎样的一种感受？

小 J：是一种绝望，对生活的绝望。

咨询师：那一刻身体有什么感觉？

小 J：身体发抖，头部冒汗，胸闷。

咨询师：现在谈论当时的事有什么感觉？

小 J：没那么强烈，但还是有头部发热，胸闷的感觉。

分析：没有妈妈关心和保护的痛苦记忆弥漫到长大后的每次不开心，每次的不开心都能自动联结到妈妈不在时的绝望，那种绝望会出现身体反应。

小 J 妈妈微信说了句：儿子，你在干吗？"儿子"这个称呼都会让他很受用，感觉有人关心。某天上午不上课，他情绪很不好。中午起床跟妈妈打电话，其间妈妈指责了他，他情绪瞬间失控，骂人，并说要去死，晚上情绪接着失控，自己便去了湖边散心，在湖边的椅子上躺了几个小时。觉得自己恨妈妈又想妈妈，然后当天决定到时放假不回去。谈到了有一年初二，打完牌，很疲惫，这时妈妈看到弟弟手上有点破皮，妈妈很关心弟弟的样子让他瞬间受不了，他把头撞了三下墙，想死的心都有，一个人就跑出去了。因为心情很不好，然后一个人去了贵州旅游，初四凌晨出发的。

分析：这种想妈妈关心自己的执拗一直陪伴着小J的成长，没有人去疏导和开导，认知没有打开，点点滴滴都在比较，都在伤害，都在刺激着他的神经，一触即发，这种行为的表现就像一个几岁孩子的吃醋，占有和排他性，这种记忆的加工和强化，使得小J更加走不出情绪的阴霾，深深地恐惧这种情绪，只想摆脱。

谈到想跟妈妈决断，很痛苦，这种想法一直有。妈妈没有爱，经常抱怨不想带孩子，责任心不强。感觉自己是乞讨妈妈的爱，对妈妈不能心甘情愿地好，可以对奶奶心甘情愿地好。但过年去贵州散心回来，妈妈讲到爸爸得病时哭了，自己居然帮妈妈擦了眼泪。靠近妈妈烤火时，感觉妈妈是有意逃避的，当妈妈对弟弟说爱他时，小J特别不舒服。

分析：小J的矛盾充满着内隐记忆的味道，理智上怨恨妈妈，想离开让自己痛苦的妈妈，但身体是诚实的，想靠近妈妈，说明记忆深处妈妈是关心过小J的，身体都留下了记忆，只是可能这种爱和陪伴太少了，没有充分满足小J的需求。

（咨询片段2）

咨询师：妈妈有关心你的时候吗？

小J：有时有，很少。

咨询师：妈妈关心你的时候，你是什么感觉？

小J：觉得很假，不是真心的。

分析：在小J的记忆中，由于跟妈妈聚少离多，对妈妈的关心由渴望变成了对妈妈充满了愤怒，所以会攻击妈妈的关心是假的，但是又记住了妈妈每一个假的关心，也惦记着妈妈的假关心。非常有意思的心理动力。

（咨询片段3）

小J：妈妈对弟弟说"我爱你，我喜欢你"时，我特别不舒服。

咨询师：嗯，难受的情绪又开始出现了。妈妈是个不会给予的妈妈，妈妈是否从你身上得到了成长呢？会不会是出于对你的愧疚，现在对弟弟才会不一样？

小J（沉默了很久）：我不接受我是牺牲的那一个。

咨询师：哦，听得出来你是又爱又恨妈妈。

分析：妈妈对弟弟的言语互动再次刺激了小J的记忆内容，觉得妈妈从来没说过爱自己之类的话，这种记忆和现实画面的碰撞，再次把他送上了情绪的悬崖边，咨询师试图通过一个新的认知建构新的记忆，改写妈妈与他的互动，植入一个新的记忆内容，从而稳定他的情绪，妈妈因为他变得更有爱，这是一件值得骄傲的事情，也是对他爱的一种延续和传承，说明妈妈是在乎他的，是爱他的。

每个人的内心深处都藏着一些不为人知的秘密，这些秘密宛如一张张色彩斑斓的明信片，被珍藏在心底的某个角落。而在这无数的秘密中，有一种特殊的感觉，一种深深烙印在心灵深处的情感，它就是我们称之为"记忆"的东西。记忆，是心灵的印记，是生活的见证。

想象一下，当你听到某首老歌的旋律时，心中是否会涌现出一段尘封的回忆？当你偶然遇到一个多年未见的老友，是否会觉得仿佛时光倒流，回到了那个青涩的年代？这些都是记忆的魔力。记忆不仅是我们回忆往事的媒介，更是我们理解世界、感知生活的桥梁。

让我们先回到小J的故事。小J是一个充满矛盾和痛苦的年轻人，他的记忆中充满了对母亲的复杂情感。他渴望得到母亲的关心和爱护，但又因为母亲曾经的忽视和冷淡而感到痛苦和愤怒。这些记忆如同一道道深深的刻痕，深深地印在他的心灵深处。每当遇到相似的情境，这些刻痕就会被重新激活，让他再次体验到那种痛苦的感觉。

记忆，就如同一张张明信片，记录着我们过去的经历和感受。有些记忆被我们珍藏在心底，有些记忆则被我们遗忘在角落。但无论我们是否愿意面对，这些记忆都是我们生活的一部分，它们塑造了我们的性格，影响了我们的行为，让我们成了今天的自己。然而，记忆究竟是如何工作的？它对我们的生活又有何影响？

记忆（memory）是在头脑中积累和保存个体经验的心理过程。用信息加工的术语来讲，就是人脑对外界输入的信息进行编码、存储和提取的过程。人感知过的事物，思考过的问题，体验过的情感或从事过的活动，都会在头脑中留下不同程度的印象，其中一些印象成为经验能够保留相当长的时间，在一定条件下还能恢复，这就是记忆。[①]

---

① 彭聃龄.普通心理学［M］.5版.北京：北京师范大学出版社，2019：214-215.

本章要讨论的就是记忆这种心理现象。在心理学的研究中，记忆是一个备受关注的话题，有许多记忆的经典实验，首先我们讨论艾宾浩斯（Hermann Ebbinghaus）的遗忘曲线实验和巴特利特（F. C. Bartlett）的记忆扭曲实验，然后了解我国心理学家致力于记忆的研究；接着简要介绍如何运用记忆来让生活更加美好，包括记忆的本质、记忆在大脑中的机能定位，记忆的脑细胞和生物化学机制等；然后讨论在日常生活中运用记忆的方法，侧重分析内隐记忆和长时记忆的各种特点。

最后我们将介绍记忆与疾病的预防，如何通过健康的生活方式来维护和提升我们的记忆能力，如何应对记忆障碍与痴呆症的挑战。

接下来，让我们一起探寻记忆的奥秘。

一、启迪记忆之门：经典实验在育人中的探索

记忆一直是心理学中独具魅力的研究领域，在该领域研究的历史长河中，艾宾浩斯（Hermann Ebbinghaus）和英国心理学家巴特利特（F. C. Bartlett）是两位杰出的先驱。尽管他们的研究方法和观点存在差异，但都对后来的记忆研究产生了深远的影响。他们的贡献不仅深化了我们对记忆的理解，也为心理育人工作提供了宝贵的启示。

艾宾浩斯通过他的遗忘曲线实验，让我们认识到记忆的遗忘规律，从而指导我们在心理育人过程中，如何更有效地帮助他人巩固所学知识，提升记忆效果。而巴特利特则强调记忆的主观性和重构性，提醒我们在心理育人工作中，要关注个体的主观体验，尊重每个人的记忆差异，以促进其健康成长。

通过对这些经典实验的解读，我们可以更深入地了解自己和他人的记忆特点，进而在教育、辅导和沟通中更加得心应手。心理育人工作不仅仅是传授知识，更是关注个体的内心世界，帮助他们更好地认识自己，发掘潜能，实现自我价值。

（一）艾宾浩斯和节省法

有关人类记忆的实验研究开始于德国心理学家艾宾浩斯，早在1885年，他出版的《记忆》一书中，首次运用实验方法探索了记忆的奥秘，为这一

领域的研究奠定了基石。在此之前，心理学主要聚焦于运用实验探索感知觉过程的研究，而对于记忆、思维、想象等高级心理过程，缺乏有效的实验手段。艾宾浩斯不仅打破了这一局限，更证明了实验法在心理学研究中的广泛适用性。他拓展了心理学的疆界，使之不再局限于冯特学派的范畴，将研究领域延伸至冯特认为难以实验的领域。这一突破性的贡献，使实验心理学在心理学研究中占据了核心地位，影响深远。因此，可以说艾宾浩斯开创了心理学研究记忆的新纪元，为后世研究者开辟了新道路。①

在心理学的发展历程中，艾宾浩斯的研究无疑是一块重要的里程碑。他不仅发明了无意义音节作为记忆研究的材料，从根本上变革了实验心理学的研究范式，而且还发明了节省法来测量记忆效果，为实验心理学提供新的变量测量方法，解决了高级心理过程的量化问题。

艾宾浩斯创造性地使用无意义音节作为记忆的研究材料，使得实验心理学的研究范式从此导向了人工实验情境。这种无意义音节，就像一个个神秘的符号，没有任何实际意义，但成了探索记忆之谜的钥匙。正是艾宾浩斯的这一创举，使得实验心理学的研究得以在更为严谨和可控的条件下进行。

他的这一创新思想，其影响深远，触动了其他研究者。他们开始意识到，不仅可以使用自然材料进行研究，还可以创设人工材料。可以说，此后实验心理学中出现的各种人工概念、人工语法以及各种错觉材料，正是实践了艾宾浩斯对心理学实验进行人工的规范控制的思想。

而艾宾浩斯最为人所知的贡献，莫过于他发明的节省法。不同于以往研究中使用的背诵法，节省法是个体在识记或学习了一行音节后，经过一定的时间间隔，再次识记或学习，研究者对两次识记或学习的次数进行比较，从而推断记忆的保存量。

这种方法隐含着现今实验心理学对高级心理过程进行量化把握的基本原则：找到某些行为指标的变化来反映心理过程的特性。节省法的问世，意味着高级心理过程也能够被精确地量化。正如感觉大小能被费希纳的心理物理方法量化一样，节省法为所有高级心理过程的量化开创了全新的

---

① 郭秀艳. 实验心理学［M］. 北京：人民教育出版社，2019：7 - 8.

时代。

通过实验研究，艾宾浩斯还建立了第一个和高级心理过程有关的函数关系——遗忘曲线，如图4-1所示，图中曲线表示出初始学习后经过的时间和保持量之间的关系，或者说遗忘与时间之间的关系，即学习之后随着时间流逝记忆如何逐渐遗忘的过程。可见，遗忘的过程先快后慢。时间与记忆之间的关系对于每个人来说都是常识，但艾宾浩斯是第一个采用科学手段对这一关系进行确切研究的人。

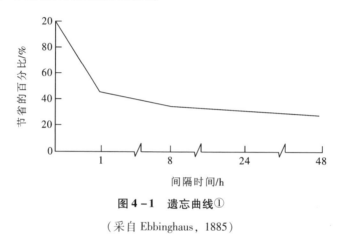

图4-1 遗忘曲线①

（采自 Ebbinghaus，1885）

他以自己作为实验对象，采用节省法测量学习无意义音节之后在不同时段的遗忘情况。经过大量的实验和数据收集，他发现学后20分钟只记得58%，1小时后只记得44%，24小时后只记得30%。一天之后遗忘速度则趋向缓慢，最后所剩的20%可一直维持到一个月之后。这个最初急剧下降，而后趋于平缓的遗忘曲线代表了机械式记忆遗忘的典型模式。

在研究过程中，艾宾浩斯采用稳定的速度大声反复阅读无意义音节，直到能完全准确无误地回忆出来为止，然后记录下学习这个音节表所需的时间和遍数。经过一定的时间间隔（如一个月），他会采用同样的方式重新学习这个音节表，直到能正确回忆出来为止。这样，他就能测量出重新学习该音节表所需的时间和遍数。而重新学会该音节表所需的时间总是比原来学习的时间要短一些，这种学习时间和遍数的节省就可以作为记忆效果

---

① 郭秀艳. 实验心理学 [M]. 北京：人民教育出版社，2019：367.

的量化指标。

在艾宾浩斯之前，心理学的研究主要聚焦于感知觉过程，而对于记忆、思维、想象等高级心理过程，我们缺乏有效的了解与引导方法。然而，艾宾浩斯的出现，打破了这一局限。他运用实验方法探索了记忆的奥秘，证明了实验法在心理育人中的广泛适用性。

艾宾浩斯的研究不仅为我们揭示了记忆的遗忘规律，更让我们意识到记忆是可以被培养和优化的。通过科学的方法，我们可以帮助学生更好地掌握记忆技巧，提高学习效果。例如，利用艾宾浩斯的遗忘曲线，我们可以指导学生合理安排复习时间，巩固所学知识，避免遗忘。

总之，艾宾浩斯的研究为我们开启了心理育人的新纪元。他的贡献不仅在于揭示了记忆的奥秘，更在于为我们提供了科学育人的新思路和新方法。让我们铭记艾宾浩斯的智慧，不断探索心理育人的奥秘，为培养更多优秀人才贡献力量。

（二）巴特利特记忆之谜：心理育人的新视角

巴特利特对记忆的研究独树一帜，他对艾宾浩斯的研究持批判态度，认为使用无意义音节作为学习材料过于局限，不能真实反映人们在现实生活中的记忆特点。他主张记忆研究应聚焦于日常生活，探索如何在已有经验基础上帮助人们更好地记住和理解事物，从而激发心理育人的潜能。

巴特利特撰写的《记忆：实验社会心理学的一项研究》一书，为心理育人提供了新的思路。他采用故事和图画等有意义的学习材料，通过重复再现和系列再现等方法，深入研究记忆的奥秘。这些方法不仅拓展了记忆研究的领域，也为我们提供了更多关于心理育人的启示。

在巴特利特的实验中，他观察到记忆并非一成不变，而是会受到多种因素的影响。例如，在系列再现实验中，图形的变形和细节的丢失表明记忆并非完全可靠。然而，这种记忆的不完善性也为我们提供了心理育人的机会，即通过教育和引导，帮助人们更好地理解和应对记忆的限制。

巴特利特强调，任何内容的学习与记忆都是在我们已有经验的基础上进行的。这一观点对心理育人具有重要意义。在教育过程中，我们应关注个体差异和社会文化背景，尊重每个人的独特经验，以帮助他们更好地理解和记忆新知识。

通过运用巴特利特的研究成果，我们可以更好地发挥心理育人的作用。例如，我们可以采用有意义的学习材料，注重信息的组织和精加工，以提高学生的记忆效果。同时，我们还可以发挥言语符号的提示作用，帮助学生更好地理解和记忆学习内容。

总之，巴特利特的记忆研究为我们提供了深入了解记忆机制和心理育人的新视角。通过关注日常生活情境中的记忆现象，我们可以更好地理解个体的心理过程，并应用于实际的教育工作中。他的研究成果为我们提供了一种全新的方法来提升个体的记忆能力，从而激发心理育人的潜能，帮助人们更好地应对生活中的挑战和机遇。

（三）我国学者记忆研究成果：心理育人深度融合探微

在我国，心理学家们也对记忆的内容变化和遗忘曲线进行了深入研究。曹日昌教授在 1963 年进行了一项关于图形记忆变化的实验。他使用认知法，通过展示一系列图片给被试者，要求他们记住其中的目标图片，随后，在一段时间后，让被试者辨认之前看过的图片。如图 4 - 2 是研究所使用的材料实例，其中第二张图是要求被试者识记的目标图片，其他图片为测试时的干扰项。实验结果显示，被试者容易将相似的图片误认为之前识记的目标图片，这说明记忆中的内容并非一成不变，而是会发生一定的变化。①

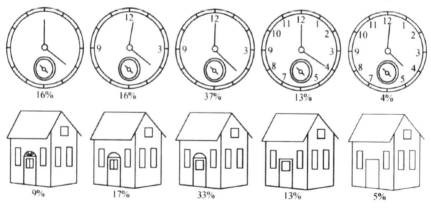

图 4 - 2　图形再认中泛化的影响②

（采自曹日昌，1963）

---

① 郭秀艳. 实验心理学 [M]. 北京：人民教育出版社，2019：370 - 371.
② 郭秀艳. 实验心理学 [M]. 北京：人民教育出版社，2019：370 - 371.

曹日昌教授深入研究了这种变化，并提出了四种主要的变化趋势。首先，记忆中的图片可能会变得更加简略和概括，一些不重要的细节可能会消失。其次，记忆中的图片可能会变得更加完整和合理，更具有意义。第三，被试者可能会在记忆中的图片中添加更多的细节，使其更接近真实事物。最后，被试者可能会夸大或突出某些特点，使记忆中的图片更具有特色。

除了记忆内容的变化外，我国研究者还对遗忘曲线进行了探讨。曹日昌教授在一项研究中，使用回忆、预期回忆、重学、重组、再认五种方法测量被试者识记无意义音节后的记忆成绩。研究结果呈现出了不同的遗忘曲线，其中，再认曲线的斜率最小，这意味着在再认测试中，被试者的遗忘率最低，记忆内容的保持时间最长。而回忆和预期回忆的斜率最大，说明在这些测试中，遗忘率最高。重学和重组标准则介于两者之间。

这些研究成果不仅深化了我们对记忆机制的理解，也为心理育人提供了有益的指导。心理育人应该关注学生的记忆特点和变化规律，引导他们运用科学的记忆方法，提高记忆效果。同时，我们还应注重个体差异，为每个学生提供量身定制的教育方案，帮助他们充分发挥自己的潜力。

总之，我国学者对记忆变化和遗忘曲线的深入研究为心理育人提供了重要的理论依据和实践指导。我们应该充分利用这些研究成果，不断探索心理育人的新方法和新途径，为培养更多优秀人才贡献力量。

二、生活中的储藏室

生活，如同一台精密的编织机，将我们的经历巧妙地编织成一幅幅生动的记忆画卷。而这些记忆的画卷，就像生活中的储藏室，无声无息地承载着我们的情感、经验和智慧。在心理学研究中，我们深刻认识到记忆与生活之间不可分割的纽带。

小明是一个特别喜欢旅行的年轻人。他曾经去过许多国家，留下了许多美好的回忆。每当他翻看那些照片时，仿佛就能闻到海风的味道，感受到异国他乡的独特魅力。这些记忆不仅让他的生活变得更加丰富多彩，还激发了他对未知世界的好奇心。

然而，生活并不总是一帆风顺。前不久，小明的父亲去世了。这个突如其来的打击让小明陷入了悲痛之中。他无法接受这个事实，开始封闭自己，不愿意与人交流。他努力回忆父亲生前的点滴，却发现那些记忆变得越来越模糊。他开始担心自己会失去对父亲的最后一点记忆。

为了摆脱这种困境，小明决定采取行动。他开始与家人和朋友分享关于父亲的回忆，重新翻看那些珍贵的照片和信件。在这个过程中，他逐渐意识到，虽然记忆可能会模糊，但父亲的爱和教诲已经深深烙印在他的心中。他学会了珍惜当下，勇敢地面对未来。

这一案例生动地展示了记忆与生活的紧密联系。我们的经历塑造着我们的记忆，而记忆又反过来影响着我们的行为决策与成长轨迹。当我们学会用科学规律来理解和运用记忆时，便能事半功倍地面对生活中的挑战与困难。让我们在记忆与生活的交织中找寻心灵的共鸣，书写属于自己的精彩人生篇章。

（一）记忆：大脑中神奇的魔法箱

记忆，它如同一部神奇的机器，在我们的大脑中运转，记录下我们生活中的点点滴滴。它是我们如何与世界互动，如何理解世界的基础。那么，记忆的本质究竟是什么呢？

首先，我们要明白，记忆并不是 ·个简单的存储过程。它是一个动态的、复杂的过程。每当我们感知到周围的事物、思考问题或体验情感时，这些信息都会在我们的脑海中留下痕迹。这些痕迹就是我们记忆的基石。

想象一下，当你走在大街上，看到一个美丽的风景，听到一首动听的歌曲，闻到一阵诱人的香气，这些感觉都会在大脑中留下印记。而记忆，就是将这些印记长久地留存下来。

那么，这些印记是如何在大脑中形成的呢？这就涉及了记忆的三个主要阶段：编码、存储和提取。

编码，简单来说，就是信息的收集和初步整理。比如，当你学习新的词汇时，你会反复读写，以便将这些词汇深刻地印在脑海中。这就完成了一次编码的过程。

存储，则是指将这些信息长久地留存在我们的脑海中。精细复述是一种非常有效的记忆方法，它可以将新信息与已有的知识经验相联系，从而使其更加稳固地存留在我们的记忆中。这就好比在大脑中建立一座图书馆，将各种信息分门别类地存储起来。

提取，是记忆的最后一个阶段，也是最关键的一步。它涉及如何快速、准确地找到并使用存储在脑海中的信息。这就如同在图书馆中快速找到你需要的那本书。

然而，记忆并不是一个被动的过程。它需要我们主动参与。记住一篇文章或一首歌曲，不仅仅是反复阅读或聆听那么简单。你需要理解其中的意义，甚至将其与你的生活经验相联系，这样才能更好地记住它。这就好像你要想记住一个故事，就要去理解故事中的情感和意义，甚至想象自己身处其中，这样才能让记忆更加深刻。

此外，记忆也依赖于我们已有的知识结构。当我们试图学习新的知识时，如果能将其与我们已知的知识相联系，那么记忆就会变得更加容易。这就如同将新信息与我们大脑中的已有信息建立联系，形成一张知识网，让记忆更加牢固。

对于个体而言，记忆在心理发展过程中起着至关重要的作用。我们要学习的各种技能、语言和思维等都离不开记忆的支持。同时，一个人的性格、习惯等也是建立在记忆的基础上逐渐形成的。这就好像我们在人生的旅程中，不断地在记忆的画板上增添色彩，最终形成一幅独特的画卷。

了解了记忆的本质和运作方式后，我们不禁要问：如何提高自己的记忆能力呢？其实，提高记忆并不复杂。首先，要保持积极的心态和良好的生活习惯。其次，可以通过一些记忆训练来提高自己的记忆力。比如尝试用不同的方式来记忆同一组信息，或者通过联想和想象来加深记忆，或者通过复习来巩固记忆等。

除了提高记忆能力外，我们还要学会合理利用不同类型的记忆。比如感觉记忆可以帮助我们快速捕捉到环境中的信息；短时记忆则可以让我们短暂地存储和处理信息；而长时记忆则是我们永久性的信息存储库。通过合理利用这些不同类型的记忆，我们可以更好地应对各种挑战和任务。

总之，记忆是我们生活中不可或缺的一部分。了解它的本质和运作方式可以帮助我们更好地应对生活中的各种挑战和任务。而提高记忆力则可以让我们更好地发挥自己的潜力。所以，让我们一起来探索这个神奇的世界吧！

（二）学习与长时记忆

1. 记忆和复习的最佳时段

我们每天对不同时间段学习的内容记忆效果也是不一样的，这是因为我们大脑里的这个搬运工在搬运的时候也是有倾向性的，它会搬运那些容易获得的内容。

心理学上有一个"近因效应"，我们对刚刚经历过的事情或者刚刚学习过的知识是记得比较牢的，因而，睡前一个小时是记忆的最佳时期，这个时间里记忆的内容，更容易被搬运到大脑皮层里去。

除了睡前一个小时很重要之外，第二天的复习也不能忘。心理学家艾宾浩斯发现学习后的第一天是内容遗忘最多的时间段，如果这一天我们不去好好复习巩固的话，我们的记忆就只剩下30%了，所以我们不仅要在学习的当天保持睡眠质量，同时在第二天也一定不要忘了去及时复习。

2. 学习"中途休息"同样重要

研究发现，在白天的学习中插入一些睡眠是可以帮助我们提高学习效率的。一次学习后，4~6分钟的休息也可以起到睡眠的作用，轻轻闭上眼睛，什么都不要想，放松身心，两耳不闻身边音，可以的话横躺下来更好，配合些深呼吸，这样的放松状态也能帮助我们记忆。

3. 番茄时间管理法的运用

你是不是经常计划要在一两个小时或者半天里去完成一个任务，但是却发现自己一会儿在刷微信，一会儿在逛淘宝，不断地分心，然后自己好像什么都没有完成，如果你是这样的话，那不妨来尝试尝试番茄时间管理法。

操作步骤：首先确定一个目标（比如背诵一段英文小短文），然后设定一个25分钟的闹钟，随后开始完成目标，直到闹钟时间到，后面休息5分钟，再进入一个新的循环过程。

这25分钟就是一个番茄钟，当然我们有很多任务是25分钟之内无法完成的，这就需要我们学会将任务进行分解，划分到两个或者更多的番茄钟里去完成，那休息法怎么和我们分析时间管理相结合呢？研究者发现在25分钟的时间里，插入小段的睡眠会让我们这25分钟的学习效果更加高效。

比如，25 分钟里面我们计划要去背诵一段英文小短文，我们可能会先花上 10~15 分钟的时间来查阅字典，弄懂短文的意思，然后再开始背诵，那这时我们可以在弄懂短文意思和背诵之间插入一小段休息，这会让我们的效果更好。

上述的记忆方法可以有效提高记忆效果。长时记忆在学习方面起着不可估量的作用，长时记忆的研究很多主题是学习领域，这更加说明了它的重要性。但长时记忆的应用不只局限于学习这一宏大的主题，它在日常生活和情绪处理上的作用亦颇值得研究。简单来说，大脑的不同部分就像是一个个的"岛屿"，它们各自负责不同的功能，但又通过神经网络相互连接，一起工作，让我们能够感知世界、思考问题和与他人交流。一个个记忆水晶球也成了电影胶卷，在人需要它的时候会被提取并输送到控制室放映。而出于大脑核心地位的长时记忆毫无疑问就是启动这一切的关键。

记忆伴随我们的一生，当然我们的大脑不可能记住所有的东西，因此暗淡的水晶球也会被定时清除。但最重要的记忆却会长久存在，成为滋养生命的光和热。如果失去这些，我不知道还有什么东西可以唤醒走上错路的人们。正是这些关于爱、友谊、毅力的核心记忆水晶球让我们记住了什么是对的，什么是错的，让我们可以充满希望地活着，是能影响一生的重要记忆。

（三）记忆：探索大脑中的神秘迷宫

在我们的日常生活中，记忆扮演着至关重要的角色。它是如何工作的呢？心理学家们就像是在迷宫中探险的冒险者，他们从不同的角度和层面展开对记忆的研究，试图揭示其本质和工作机制。在这个过程中，他们不仅关注宏观的信息加工系统，还深入到微观的神经机制，以期更全面地理解记忆。

想象一下，每当你走进一个熟悉的地方，如老家的街道、曾经就读的学校，那些曾经熟悉的人和事会像电影般在脑海中重现。这就是记忆在发挥作用。我们的大脑就像一个庞大的信息库，储存着无数的回忆。那么，这些记忆究竟是如何形成的？

要理解记忆，首先得知道与记忆相关的脑区。杏仁核，这个与情绪紧密关联的区域，在处理记忆中起着重要作用。想象一下，一个遭受创伤的人，那种挥之不去的痛苦记忆，很可能与杏仁核的工作机制紧密相连。而海马体和杏仁核组成的神经网络，可以说是记忆的核心区域。海马体在记忆巩固中起到了至关重要的作用，它负责将短时记忆转化为长时记忆，使我们能够长久保存那些重要的经历和信息。

为了进一步证实海马体的作用，让我们看一个著名的实验——莫里斯水迷宫测验。① 在这个实验中，白鼠需要在复杂的水池中找到隐藏的平台。经过训练，白鼠能够熟练地运用空间线索找到平台。但当这些白鼠的海马体受到损伤后，它们失去了这种能力，这证明了海马体在空间记忆中的关键作用。

除了海马体，前额叶在记忆中也扮演着重要的角色。它不仅参与情景记忆、工作记忆和时间顺序记忆的编码、存储和提取过程，还与我们的计划和决策能力紧密相关。想象一下，一个前额叶受损的人可能会遇到时间顺序记忆的问题，无法清晰地回忆事件发生的顺序。

除了脑区，神经环路在记忆中也起着重要的作用。有一个特殊的神经环路被称为反响回路（reverberating circuit），它存在于皮层和皮层下组织之间。当外界刺激作用于这个回路时，神经冲动会在其中产生并持续一段时间，即使刺激已经停止。这种特性使得反响回路成了短时记忆的生理基础。

那么，我们的大脑是如何储存这些记忆的呢？研究表明，大脑中的突触是信息储存的关键部位。当我们不断重复某一动作或思维时，相关的突触会变得更加敏感和活跃；而长期不使用的突触则可能会萎缩甚至消失。这就解释了为什么长期的学习需要不断练习和重复：为了使记忆更加稳固，我们必须不断强化相关的突触联系。②

除了突触的变化外，神经细胞的生长和凋亡也是记忆形成的重要过程。神经细胞不断生长和凋亡是大脑保持活力的关键。当新的神经细胞生长出来后，它们会与其他神经细胞建立新的连接，从而形成新的记忆网络。这也是一些研究发现学习新的技能或知识可以帮助我们延缓大脑衰老的原因

---

① 孙钦建，王爱华，张涛，等. 颞叶癫痫大鼠学习记忆障碍与海马区 PSD-95 表达的关系 [J]. 山东医药，2009，49（33）：11-13.
② 大脑免疫细胞主导遗忘机制 [J]. 新农村，2020（4）：56.

之一。

总之，记忆是一个复杂而又神奇的过程，需要大脑多个区域的协同工作。了解这些区域的功能和互动关系不仅有助于我们深入探索记忆的奥秘，还有助于我们更好地应用心理学原理来改善学习效果和提高记忆力。通过不断学习和实践心理学知识，我们可以更好地利用大脑的资源来提高自己的生活质量和工作效率。

（四）记忆：日常生活中情感的纽带

记忆的神奇力量。

想象一下，你参加了一个派对，结识了许多新朋友，但第二天早晨醒来，你却发现自己只记得其中几位。为什么会这样呢？其实，记忆在我们的日常生活中扮演着至关重要的角色。它不仅关乎我们的喜怒哀乐，还影响着我们的人生轨迹。

让我们听听小明的故事吧。

小明是一个中学生，他非常喜欢学习新知识，但有时候会遇到记忆困难。为了提高自己的记忆力，小明开始尝试应用一些记忆原理。

首先，小明了解到记忆的关联性原则，即把需要记忆的信息与已知的信息关联起来，以便更容易地回忆。他开始将新学的知识点与之前学过的内容联系起来，构建出一个知识网络。例如，在学习英语单词时，他会将单词与相关的词根、词缀联系起来，形成一个系统的词汇体系。通过这种方式，他能够更快地记住单词，并且不容易忘记。

其次，小明了解到记忆的重复性原则，即通过反复复习和巩固来加强记忆。他制订了合理的学习计划，确保在学习新知识的同时也及时复习旧知识。他每天都会花费一定的时间来复习前一天学过的内容，并定期回顾之前学过的知识点。通过不断的重复和巩固，他的记忆效果得到了显著提高。

除了关联性和重复性原则，小明还尝试了其他记忆技巧，如记忆宫殿和故事串联等。他发现这些技巧可以帮助他将抽象的知识点转化为具体的图像和故事，从而提高记忆的效率。例如，在记忆历史事件时，他会将事件与相关的历史人物和时间联系起来，形成一个完整的故事线。通过这种方式，他不仅能够更快地记住事件，还能够更长时间地保持记忆。

通过科学地应用记忆原理和技术，小明的学习效果得到了显著提高。他的记忆力得到了增强，学习效率也大幅提高。在期末考试中，他取得了优异的成绩，并获得了老师和同学的赞誉。小明深刻认识到记忆在学习中的重要性，并决定继续探索和应用更多的记忆原理和技术，以进一步提高自己的学习效果。和小明一样，在日常生活中，我们总会遇到各种挑战和机遇，而记忆则是这一切的见证者。它不仅储存着我们的过去，还影响着我们的现在和未来。那么，记忆与日常生活究竟有何关联呢？让我们一起探索这个奥秘吧。

1. 日常生活中的记忆

记忆，在我们的日常生活中扮演着至关重要的角色。它是我们过去的印记，是我们现在的决策之源，也是我们未来的希望。每个人都是自己生活故事的叙述者，而记忆就是我们用来编织这些故事的工具。

想象一下，当你走进一条熟悉的老街，突然一股怀旧之情涌上心头。那是你的记忆在提醒你，这里曾经发生过什么。记忆让我们能够品味过去的酸甜苦辣，感受那些已经消逝的美好时光。

再比如，当你站在人生的十字路口，需要做出重大决策时，是记忆中的经验为你点亮了前方的路。那些曾经的成败得失、欢笑泪水都成为你做出选择的依据。记忆不仅储存了过去的经历，更塑造了我们面对未来的态度和行为。

有时候，一种特殊的味道、一段熟悉的旋律，甚至一个不经意的眼神，都可能触动你内心深处的情感。这是因为记忆与情感是紧密相连的。记忆中的喜怒哀乐，都成为我们情感的源泉。

而且，无论是学习新的技能、结交新的朋友，还是追求个人的成长，我们都在不断地与记忆打交道。记忆就像是一个忠实的伙伴，陪伴我们从过去走向未来。

当然，记忆并不总是完美的。有时候我们会发现自己的记忆力减退，甚至出现遗忘的情况。但正是这些小小的缺陷，让记忆变得更加真实和宝贵。因为正是这些不完美的记忆，让我们更加珍惜那些美好的回忆，也让我们更加勇敢地面对生活的挑战。

总之，记忆与日常生活是息息相关的。它不仅是我们过去的见证，更是我们未来的希望。通过更好地了解和利用记忆，我们可以更好地品味生活、做出明智的决策、珍惜当下的美好、勇敢地迎接未来。

2. 情绪与记忆的交融①

我们的情绪，无论是快乐、悲伤还是愤怒，都是我们生活经历的直接反映。而记忆，作为这些经历的载体，与情绪有着千丝万缕的联系。它们之间的关系复杂而微妙，相互影响、相互塑造。

当你回忆起那些快乐的时光，是否会感到心中涌起一股暖流？那是积极的情绪在触发你的记忆。那些快乐的、温馨的场景仿佛就在昨天发生一样，它们成为我们内心深处最宝贵的财富。而当我们面临困境或挑战时，那些积极的记忆会激发我们的勇气和信心，帮助我们渡过难关。

然而，情绪并不只是积极的。有时候，我们会陷入消极的情绪中，如焦虑、沮丧或失落。在这些时候，我们的记忆往往会偏向于那些不愉快的经历。这就像一张灰暗的网，让我们的世界变得黯淡无光。但请记住，每个人都有面对消极情绪的力量。通过调整自己的心态和情绪，我们可以改变记忆的方向，让它变得积极和阳光。

此外，我们的情绪还会影响我们对记忆的提取和回忆。有时候，当我们处于某种特定的情绪状态时，与之相关的记忆会被自动唤醒。比如，当你感到孤独和寂寞时，那些关于友情和亲情的记忆会浮现在脑海。这是因为情绪为我们的记忆提供了线索和标签，使我们能够更快地找到我们需要的信息。

有趣的是，我们也可以通过情绪来调节和改变自己的记忆。当我们处于某种情绪中时，我们可以有意识地调整自己的心态和情感状态。比如，当我们感到焦虑和紧张时，深呼吸和放松训练可以帮助我们放松身心，从而改变我们对焦虑记忆的感知和反应。

总之，情绪与记忆是相互交织、相互影响的。了解和利用这一关系可以帮助我们更好地管理自己的情绪和记忆。

3. 记忆的提取线索

记忆的提取是记忆系统的重要环节，而线索则是记忆提取的关键。正

① 李静，卢家楣. 不同情绪调节方式对记忆的影响［J］. 心理学报，2007（6）：1084 - 1092.

确的线索可以成功地触发记忆，而错误的线索可能导致记忆的扭曲或遗忘。接下来我们通过一个案例来深入了解记忆的提取线索。

【案例】遗失的记忆之珠

背景：一个年轻的探险家，因为一场意外，他的记忆之珠散落在了未知的岛屿上。现在，他需要通过物理、时间、情绪、语义、关联和想象与创造等线索，找回他的记忆之珠。

步骤：

物理线索：他首先发现了一个破旧的指南针，这是他曾经使用过的物品。通过这个指南针，他开始确定方向，寻找下一个线索。（物理线索通常指的是那些与记忆事件直接相关的外部环境元素）

时间线索：在岛屿的一处，他找到了一块古老的石碑，上面刻有一段关于时间的文字。通过这段文字，他回忆起了一段与特定时间有关的记忆，在那个时间点他在一片丛林中。于是找到了下一个线索。（时间线索是指与特定时间点或时间段相关的信息）

情绪线索：他在一片丛林中遇到了一只受伤的小鸟。在照顾小鸟的过程中，他体验到了强烈的情感波动，这激发了他对某段记忆的回忆。他根据这段记忆，找到了下一个线索。（当我们遇到某种特定的情绪状态时，与之相关的记忆可能会被唤醒）

语义线索：在一个洞穴中，他找到了一块刻有寓言的石头。通过理解寓言的含义，他回忆起了一段关于成长的记忆，并找到了指向下一个线索的提示。（语义线索是指那些与特定概念、事件或信息相关的提示或关键词）

关联线索：在一片海滩上，他发现了一个破碎的贝壳。这个贝壳与他过去的一段经历有关，通过贝壳的碎片，他联想到了他的记忆之珠的位置。（关联线索是指那些与目标记忆有一定关联的其他记忆。通过这种关联，我们可以从一个记忆回想到另一个相关联的记忆）

想象与创造：在岛屿的最深处，他找到了一片空白的画布。他开始根据自己的想象和创造，画出他的记忆之珠的形状。随着画作的完成，他的记忆之珠逐渐清晰起来，最终完全恢复。（当我们试图想象某个场景或角色时，与之相关的记忆可能会被激活）

总结：通过综合运用各种记忆提取线索，探险家成功地找回了他的记忆之珠。这个过程不仅帮助他找回了失去的记忆，也让他更加了解了自己内心的世界和成长历程。通过这个案例，我们可以看到记忆提取并不是单一的过程，而是需要结合多种线索和方法来完成的复杂任务。了解和利用不同类型的记忆提取线索可以帮助我们更有效地回忆和提取过去的经验与知识。在日常生活中，我们可以有意识地利用这些线索来提高我们的记忆效率，例如通过创建特定的环境、设置提醒、使用关键词等来帮助我们更好地回忆和提取记忆。

（五）记忆：那抹绚丽的彩虹，也有阴暗的云层

记忆，那个神秘又神奇的心理过程，仿佛是我们内心深处的绚烂彩虹。每一个回忆，无论是喜怒哀乐，都是我们人生旅途中的珍贵宝藏。然而，记忆并不总是那么清晰、准确，它也有阴暗的一面，存在着局限和遗忘。让我们一起揭开记忆的面纱，探索它的奥秘。

想象一下，你正身处一个熙熙攘攘的市集，四周的声音交织成一首生活的交响曲。忽然，一个熟悉的旋律飘入耳中，你的思绪立刻被拉回到某个遥远的时刻。那个画面、那个味道、那个感觉，瞬间涌上心头。这就是记忆的魔力，它能将我们带回过去的某个时空，让我们重温那些曾经的感受。

然而，记忆并不总是那么可靠。你是否也有过这样的经历：某个朋友告诉你一件事情，你深信不疑，但后来却发现事实并非如此？或者你明明记得把某样东西放在了某个地方，但当你需要的时候却怎么也找不到？这些都是记忆的误导，也是它的局限。

记忆的局限和遗忘是心理学研究的重要课题。科学家们发现，记忆并不是像录像机一样记录下每一个瞬间，而是通过我们的经验和感受，对信息进行再加工。因此，记忆很容易受到外界的影响，产生偏差。例如，在法庭上，证人的证词可能会受到引导性问题的影响，导致记忆出现误差。再比如，催眠也可能会影响人们的记忆，让他们回忆起一些并不真实的事情。

那么，为什么我们的记忆会出现遗忘呢？其实，遗忘也有它的积极意义。试想一下，如果我们把每一个经历都记得清清楚楚，我们的头脑将会承受巨大的压力。而且，有些不愉快的记忆，遗忘也是一种自我保护的方式。就像一棵大树，总会有枯枝落叶，那是为了更好地生长。①

有趣的是，科学家们还发现了一些有趣的遗忘机制。比如"选择性复述"，也就是说，记忆差异的产生是因为被试在实验中对记忆项目进行了复述，而对遗忘项目却没有复述。②

还有一个有趣的例子是"信息干扰"。想象一下，你在学一门新的语言，刚开始时，每个单词你都记得很清楚，但随着时间的推移，如果没有经常使用，这些单词可能会被其他信息干扰，导致你逐渐忘记。

此外，"提取抑制理论"也是导致遗忘的一个重要原因。有时候，我们会主动抑制一些不愉快的记忆，以减轻心理压力。比如一个曾经遭受过严重心理创伤的人，可能会选择忘记那段痛苦的经历。

当然，我们也可以采取一些方法来提高记忆的准确性。比如多渠道获取信息、保持开放心态、警惕外部暗示等。同时，对于那些由于记忆偏差而引起的误解和矛盾，我们也可以更加宽容和理解，并寻求其他证据和观点来纠正偏差。

总之，记忆是一个神奇又复杂的过程。它像彩虹一样绚烂多彩，又像云层一样神秘莫测。通过了解记忆的局限和遗忘机制，我们可以更好地认识自己、理解他人，从而更好地应对生活中的挑战和困难。在未来研究中，进一步探讨记忆的机制将有助于深化我们对人类心理世界的认识。让我们一起揭开记忆的面纱吧！

三、内隐记忆唤醒人

在我们的内心深处，隐藏着一种记忆的奥秘。当你要使用存储在记忆中的知识时，有时这种使用是内隐的——信息不需要有意识的努力就可以

---

① 潘玉进. 关于短时记忆中遗忘的实验报告［J］. 温州师范学院学报（哲学社会科学版），1991（3）：6－8.
② 曹晖，王大伟，曹聘. 定向遗忘：涵义、研究方法、机制［J］. 重庆工学院学报（社会科学版），2009，23（2）：108－110.

获得；而有时将是外显的——你做了有意识的努力去恢复记忆。① 按照是否意识到，可以将记忆分为外显记忆和内隐记忆。内隐记忆，在心理学上是指在不需要意识或有意回忆的条件下，个体的过去经验对当前任务自动产生影响的现象，又称自动的、无意识的记忆。它悄无声息地存在着，却在我们生活的点滴中发挥着重要的作用。这就是我们今天要探讨的主题——内隐记忆。

内隐记忆的存在似乎让我们大脑容量有了无限的潜力。它不仅是记忆的奥秘所在，更是心理育人工作中不可忽视的一环。

在心理育人的道路上，我们致力于唤醒个体的内隐记忆，以激发其内在的力量和潜能。内隐记忆的存在，使得个体的经验、情感与智慧得以在潜意识中累积和沉淀，为个体的成长与发展提供了丰富的资源。

通过唤醒内隐记忆，我们可以帮助个体更好地认识自己，理解自己的内心世界。这不仅有助于增强个体的自我认知和自我价值感，更能促进其心理健康和社会适应能力的提升。

在心理育人的实践中，我们可以运用各种方法和技术来唤醒个体的内隐记忆。例如，通过心理咨询、心理辅导等方式，引导个体深入探索自己的内心世界，发现隐藏在内心深处的记忆与经验。同时，我们也可以通过创设良好的教育环境，提供丰富的学习体验，来激发个体的学习兴趣和动力，进而促进其内隐记忆的积累和发展。

因此，唤醒个体的内隐记忆，是心理育人工作中的一项重要任务。它不仅能够帮助我们更深入地了解个体的内心世界，更能为个体的成长与发展提供有力的支持和引导。在未来的心理育人实践中，我们应更加注重对内隐记忆的唤醒与运用，为培养更加健康、自信、有创造力的个体贡献我们的力量。

（一）难以捕捉的烙印

内隐记忆表现最典型的例子就是心理创伤，创伤并不遥远，它也许就发生在我们身边的朋友、亲人，或是我们自己身上。它们中的某些也许会

---

① 理查德·格里格，菲利普·津巴多. 心理学与生活（第19版）［M］. 王垒，等译. 北京：人民邮电出版社，2016：193.

随着时间淡化，但或多或少地被烙进了大脑，外化为个体行动。在过往的岁月里，绝大多数日常经验会被遗忘，但我们对自身不利的信息记忆最深，肾上腺素等身体激素帮助我们对付潜在的威胁，把事件的细节刻在我们的大脑中。

但如果我们面对的是恐怖——特别是无法逃脱的恐怖，肾上腺素系统会不堪重负，最终崩溃，从而由身体表征转入心理表征。创伤性经验的印记和体验无法如同叙事性记忆那样组织得前后一致、合乎逻辑，而是以碎片化的感知和情绪痕迹体现：例如图像、声音等各种能引发创伤时的知觉。这就很好地解释了经历过严重车祸的人不敢坐车开车，经历 2008 年地震的人下雨不敢待在室内，他们平时生活没问题，但一些与创伤有关的图像和声像必须回避，因为身体有反应。

学术界研究最多的最受关注的部分是儿童时期的心理创伤。"童年时期遭遇的创伤，会影响孩子一生的心理和身体健康。能否成功应对生活中难以避免的挫折，关键在于人生头两年中与主要养育者建立足够的安全感。"因为一个人成年后受到的创伤，不太可能像脆弱的儿童时期受到的影响那么大，因为理性和成熟可以抵御很多伤害。

实例引入部分的小 J 典型的是因幼时的安全需要等未得到充分满足，当相似的画面重现、当有关的语言响起、当经历过的体验再次发生……潜伏在内心深处的记忆就被激活，童年的创伤会像电影镜头不断放映，一遍又一遍提醒身体曾经经历的不堪回首的童年痛苦，积累到某种程度不做干预，特别是叠加在青春期就会爆发，从而导致无法估量的后果。内隐记忆的被动提取，也暗示着或许我们可以通过它来尽量规避坏结果的产生，一件坏事也可能成为好事。

（二）备尝艰苦的探索之旅

20 世纪 80 年代，在与传统的外显记忆相对峙的关系中，内隐记忆作为一个崭新的心理学概念被提出，用以表达引起注意的一类记忆现象。这类记忆现象的共同特征是，这些现象具有记忆相对于记忆主体而言的无意识性。促使"内隐记忆"这一概念提出的事实是令人印象深刻且确定无疑的。临床心理学和心理病理学领域发现的这类事实是：在健忘症患者启动效应的研究和失忆症患者对过去学习的项目或内容毫无记忆的研究中，研究者发现他们这种学习的经历在行为上还是有效果的，可以在特殊的实验程序如补笔测验中表现出来。实验性分离方法论程序的发展，揭示了内隐记忆作为心理学事实的普遍意义，并暗示着一个由无意识记忆和知觉所构成的神秘世界的存在，由此开创了内隐记忆研究的世界性历史潮流。

经典的研究失忆症的实验利用再认法等研究方法解释患者为什么具有学习能力？在实验中让失忆症患者和一组心理正常的自愿被试者一起学习一个由一些常见单词所组成的单词表，如 apple、banana 等词汇。几分钟后实验者从这个单词表中选出几个单词，并和一些未出现于单词表的新单词混在一起，呈现给被试者让他们辨认，结果发现失忆症患者很难记得哪些单词是所学单词表中的，哪些不是所学单词表中的。

令人惊奇的是，如果将一个单词的前三个字母提示出来，让被试者填补上该单词所残缺的其他字母，如 app 或 ban 等。让他们进行随机的辨认相比，失忆症患者能够写出更多在所学单词表中出现的单词，有的失忆症患者所能写出的单词的数量甚至与没有记忆障碍的被试者一样多。

这说明，虽然失忆症患者没有意识到自己拥有对所学词的记忆，但是对特定任务的操作，却表现出了记忆效果。

随后，心理学家们用不同的材料和方法，对正常人进行了大量的实验研究。研究者们发现，上述现象是普遍存在的，它反映了一种自动的、不需有意识参与的记忆。这种记忆的特点是：人们并没有深邃到自己拥有这种记忆，也没有下意识地提取这种记忆的能力，但它却在特定任务的操作中表现出来，这就是内隐记忆。

自 20 世纪初 50 年代以来，关于内隐记忆的实验研究充栋盈车。概括起来，内隐记忆主要来自五个不同但又相互交叉的研究领域：再学时的节省，阈下编码刺激的作用，无意识学习，启动效应以及健忘症病人的残余学习。

20 世纪 80 年代末，随着神经科学理论体系的发展和功能磁共振、事件相关电位等新技术的推广，内隐记忆领域的研究人员不再满足于简单的心理实验，而是扩展到探索深层神经机制，逐渐为我们揭示了认知神经科学的领域。

历史上，学者们曾认为人类的认知能力均匀分布在整个大脑皮层，特定功能和大脑区域之间没有特定的对应关系。局部损伤通过数量变化累积成质变，最终影响认知能力。直到著名的 H. M. 患者病例报告揭示了海马与短期记忆之间的联系：双侧内侧颞叶切除术后，H. M. 无法产生新的陈述性记忆，但可以获得复杂的运动技能。

总之，根据以往的研究，我们可以得出一个结论：内隐认知系统和外显认知系统的脑机制尚不清楚，它们之间在脑区存在大量的重叠。除了对大脑功能区域的研究外，越来越多的研究已经开始指向每个大脑区域的功能网络，并认为任务的处理不仅仅对应于单个或多个大脑功能区域的作用。大脑功能区参与加工的同时，也存在多个大脑区域的功能连接，不同的大脑区域相互作用，共同完成认知加工。

总的来说，明确的外显认知和内隐认知结构差异理论过于简单，还应考虑其他影响因素，以便理解这两种认知风格的神经基础。这方面的研究需要我们更加规范地处理。

（三）息息相关的无意识记忆

睡眠是人类的主要活动之一，我们生命的三分之一的时间都在睡觉。睡眠不仅能帮助我们恢复体力、稳定情绪等，还能巩固记忆和促进学习。成人研究发现，学习后的睡眠有助于巩固新学到的信息，从而产生稳定和持久的记忆表征。记忆的形成包括学习以及随后的两个记忆巩固阶段——记忆稳定和记忆增强（也称为离线学习）。①

最初的学习以及稳定（维持学习后记忆表征）阶段并不依赖于睡眠，而增强（在无主动复述情况下提高记忆）阶段则通常发生在睡眠中。学习之后经历睡眠的个体其学习效果显著高于一直保持清醒的个体，这是由学习后睡眠中出现的记忆重放现象对学习内容进行巩固形成的。这种通过睡眠发生的记忆巩固效应称为睡眠依赖性记忆巩固。内隐记忆的无意识性在睡眠过程中担任重要作用。

睡眠对个人陈述性和程序性记忆均有重要的巩固作用，其中白天小睡能显著帮助陈述性记忆的巩固；研究发现，相比于陈述性记忆，程序性记忆巩固对夜间睡眠的依赖程度似乎更高。在睡眠时，与记忆有关的脑区

---

① 彭芝琳，郑若颖，胡晓晴，等. 睡眠对婴幼儿学习的记忆巩固作用 [J]. 心理科学进展，2024，32（2）：287–299.

（如海马、内侧颞叶等）会被激活，同时纺锤波、慢波振幅等睡眠脑电特征的变化也与记忆巩固效果相关。

在睡眠方面发挥了重要作用的内隐记忆，不仅在学术研究领域打得火热，随着智能机器的发展，基于内隐记忆的助眠 App 也逐渐进入人们的视野，为助眠舒压类移动端产品研究提供了更人性化的视角。内隐记忆理论介入助眠 App 用户界面设计，降低了认知负荷①，并将用户的无意识行为映射到产品中，实现用户潜意识诉求，从而在无形之中高效提升了用户体验。这不仅是内隐记忆的延伸，也是建立健康作息及提升睡眠质量的重要途径。

四、记忆好的秘诀

在学习的旅途中，掌握长时记忆（long-term memory）的奥秘，是通往知识宝库的关键。长时记忆，是指那些能够存储一分钟以上，甚至多年、终身的记忆，它储存着我们过去的所有经验和知识。这种记忆的容量似乎无限，虽然也有人认为其范围在 5 万到 10 万个组块之间。

学习好的秘诀，就在于如何有效地将短时记忆的内容转化为长时记忆。这就像是在一座巨大的宫殿中，每一颗璀璨的水晶都代表着一个知识点。复述短时记忆的内容，就如同给这些水晶擦拭，让它们保持璀璨夺目。如果水晶因时间的流逝而暗淡无光，我们的大脑会自动将其忽略，因为大脑更倾向于存储和回忆那些清晰、明亮的信息。

长时记忆的信息是以有组织的状态被贮存起来的。这主要有两种信息组织方式：言语编码和表象编码。言语编码是通过词语来加工信息，将言语材料按照意义、语法关系、系统分类等方法组成组块，从而帮助记忆。而表象编码则是利用视觉形象、声音、味觉和触觉等形象组织材料，使其更加生动具体，从而更容易被记忆。

依照所贮存的信息类型，长时记忆还可以分为情景记忆和语义记忆。情景记忆主要存储的是我们在特定时间和地点所经历的事件，如个人的亲

---

① 沈悦，吴祐昕. 基于内隐记忆的助眠 APP 用户界面设计研究［J］. 设计，2024，37（1）：148 – 151.

身经历、历史事实等；而语义记忆则主要存储的是一般知识和概念，如数学公式、语言规则等。

因此，学习好的秘诀，就在于我们如何通过科学的方法，将短时记忆的内容转化为长时记忆，并通过言语编码和表象编码的方式，将这些知识点存储在我们的脑海中，形成坚实的知识基础。这样，我们才能在学习的道路上走得更远，更稳。

（一）睡眠与长时记忆

1. 睡眠和学习时的大脑状态

在睡觉的时候，我们的大脑并非处于简单的脱机状态，而是在忙着巩固新形成的记忆。为何会如此呢？其实我们在学习和睡觉的时候，大脑内部的神经元都在悄然发生变化。在白天学习的时候，神经元的树突上会开始长出一些小的隆起，而树突棘真正开始迅速生长却是在睡眠中。树突棘是树突分支上的棘状突起，是神经元之间产生突出的主要部位，而神经元之间是靠突触来联系的，那这样的树突棘长得越多，就能和更多的神经元产生连接，那么我们的大脑就会变得更加强大，在这些树突棘的作用下，海马体和大脑皮层之间的连接会加强。

海马体是我们短期有限的记忆存储空间，就好像电脑的内存条，记忆容量少，维持时间短，而大脑皮层是更大、更长久的记忆存储空间，就好像电脑的硬盘，记忆存储量大，维持时间长，这两者之间建立联系，就便于海马体里面的信息往大脑皮层转移，可以理解为在我们睡觉的时候大脑里有一个勤劳的搬运工，它会把海马体内的信息往大脑皮层搬运，进入大脑皮层的信息会被记得更牢，而海马体也会慢慢腾出空间，便于我们去学习新的知识，这就是睡眠促进我们学习尤其是记忆的大脑机制。

2. 睡眠对学习促进的时限

睡眠对学习的促进只有在学习的当天才是有效的，如果错过了这次睡眠，即便接下来几个晚上我们都在补觉，也不会以同样的方式保存下来。所以学习当天的睡眠质量非常重要，一定要重视。

举例：如同我们脑海中的这个搬运工，如果我们每天都给它一些时间去搬运我们学习的内容，那它是可以应对的，但是当我们积累了好几天的内容，需要它全部搬运的话，那这个小人就会累到罢工了。

（二）其他促进长时记忆的方法

1. 深度思考与复习

仅仅依靠睡眠来巩固记忆是远远不够的。在学习过程中，我们需要进行深度思考，不断提问和解答，这样可以帮助我们更好地理解和掌握知识。此外，定期复习也是非常重要的。通过不断的回顾和巩固，我们可以使短时记忆逐渐转化为长时记忆，并在脑海中形成坚实的记忆网络。

2. 多样化的学习方式

多样化的学习方式可以刺激大脑的不同区域，帮助我们更全面地理解和记忆知识。例如，结合文字、图像、声音等多种媒介进行学习，或者通过小组讨论、角色扮演等方式进行学习，都可以提高学习效率和记忆效果。

3. 保持健康的生活习惯

健康的生活习惯对长时记忆的保持和提高也有着重要的影响。充足的睡眠、合理的饮食、适当的运动等都可以提高大脑的活力，增强记忆能力。此外，保持积极的心态和良好的情绪状态也有助于提高记忆效果。

4. 利用记忆技巧

在学习过程中，我们还可以利用一些记忆技巧来帮助我们更好地记忆知识。例如，使用联想法将新知识与已有的知识联系起来，使用缩写法将复杂的信息简化成易于记忆的形式，或者使用重复法不断重复需要记忆的内容，等等。这些记忆技巧都可以帮助我们更有效地将短时记忆转化为长时记忆。

总结起来，学习好的秘诀不仅在于掌握长时记忆的奥秘，更在于我们如何运用科学的方法和技巧来促进记忆和学习的效果。通过睡眠、深度思考、多样化的学习方式、健康的生活习惯以及记忆技巧的运用，我们可以更好地将短时记忆转化为长时记忆，并在学习的道路上走得更远、更稳。

---------- 第五章 ----------

价值引领与国家需求同行：个人与国家共荣共进

实例引入：癌症病人爱上了"终于让我逮着你了"的游戏

杨老师你好：

我是一名退休的大姐，我已经癌症复发三次了，我很痛苦，我与丈夫的弟弟一家已经闹得不可开交。我们家条件相对比较好，一直无条件资助着这个从小没有爹妈的弟弟，从小到大，事无巨细，都是照顾有加，但是我得病这些年他一点都不知道感恩，这些年发生的事情，我丈夫一句公道话都不说，我很伤心难过，经常气得胸闷，提不上气，我都是一个要死的人了，他们还这么对待我。我该如何调整这种情绪，该如何面对弟弟这一家人的行为，让自己接下来的日子过得舒畅一些？

一名大姐

大姐，女，60岁，已经退休，她在6年前被查出癌症，每隔两年复发，转移一个部位，然后做一次手术再化疗一段时间，现在已经是第三次转移了。大姐语速很快地说着自己的癌症，情绪屡次激动到喘不过气来，眼泪像雨珠一样落下，每一滴都凝结着她无尽的屈辱，一个人滔滔不绝讲了几十分钟，好像即便如此也倾诉不完她的隐忍和委屈。印象特别深刻的一句话是反复问"为什么我这么好的人会得癌症"。

她说她是个好人，她在单位是个岗位能手，经常去北京各地出差，对工作一点都不打折扣，尽心尽力完成工作。单位同事都对她赞赏有加。她丈夫常年不在家，在外地工作，她一点都不抱怨，支持丈夫工作，一个人撑起家里大小事，还要撑起单位一片天，里里外外都不落后，从来不抱怨，不请求帮助。对弟弟从读书、找工作、买房、结婚、生子，都是一路帮扶。她爱丈夫，所以无条件对丈夫的弟弟好，无条件让丈夫有面子。她做事认认真真，做人清清白白，是个好人，是个好妻子，是个好母亲，是个好员工，但是得癌症了。

　　分析：大姐的价值观里处处充满着好人的人设追求，她一心做个好人，并且行动上也是这么付出的，这是她的需要。她屏蔽了她自己所有的累和辛苦，不抱怨，不沟通，不叫苦，但心里没有需要吗？显然不是，她也是一个有血有肉的人，也需要丈夫呵护，也需要弟弟一家的帮扶。但她不能给大家带来负担，她要做个好人。好人的标签就像紧箍咒，让她不能放松和懈怠，她做到了。

　　大姐激动地谈着自己好人的证据和贡献，从单位谈到家里，如数家珍，生怕遗漏。咨询师默默地听着，试探性地提了一个问题："那你今天来咨询，影响你的最大的问题是什么？我们首先来解决。"这个问题一问，她的情绪像洪水猛兽般一泻千里，那就是弟弟一家的忘恩负义。

　　分析：愤怒的情绪就像一头饿狼，吞噬着大姐的快乐和健康。她唯独没有为自己考虑，都是考虑别人，奉献别人，她所有的付出背后都有尊重的需要，有被欣赏的需要。单位和邻居都会感谢她，看望她，资助她，弟弟一家的恩情最重，但没有尊重她和感恩她，最应该尊重和感恩大姐的弟弟一家没有满足大姐需要感恩图报的愿望，大姐信奉好人有好报，好人是需要欣赏和感恩图报的，健康的时候没有表达这种需要，但生重病后表达了需要都得不到时，情绪崩溃了。

　　大姐的情绪很激动，话题讲到弟弟一家时，完全淹没了前面得癌症这回事，讲到了去弟弟一家吃饭，弟弟一家把好吃的留给自己，把不好吃的给她吃。弟弟多次说过有一家餐馆饭菜很好吃，可从来没请她去吃过一次。弟弟对他妻子的父母非常好，生日都能给一万元红包，表现得非常大方，但是对她没有半点感恩。她说自己是一个长嫂如长母的角色，付出最多，可得到的尊重很少，感觉被羞辱了。

　　分析：咨询师的感受是弟弟一家带给她的痛苦远远超过了癌症带来的痛苦，可以想象大姐背后被尊重的需要是很强烈的，没有被满足之后的情绪爆发是很惊人的。一直靠好人的人设支撑着，但借着癌症这个大事爆发了。还得不到丈夫的支持，感觉无力和委屈。

大姐在整个咨询中一遍一遍强调自己是个好人，对谁都好，尤其是尊重丈夫，对丈夫的事情比谁都上心，丈夫要对弟弟好，那她无条件支持，她反复强调这样做是对的，是应该的。她不能违背，违背就不是好人。对弟弟一家的表现一直都不满意，但是几十年都过来了，没有冲突，她反复强调"自愿付出是不求回报的，我只是要得到尊重"，现在感觉她的人格被侮辱了，因为她提了治疗费用困难的问题，被弟弟一家忽视。

（咨询片段1）

咨询师：弟弟一家对你的疾病视而不见，关键丈夫都不理解你，你感觉你的付出不被尊重，觉得非常委屈，委屈到胸口都是堵的？

大姐：太对了，你讲出了我的心声。

咨询师：弟弟一家是一直这样，还是你生病了才这样？

大姐：一直这样，人品比较渣。

咨询师：那几十年都是这样，你们相处都没问题，为什么今天你的情绪这么愤怒？

大姐沉默……

分析：大姐的反应前后反差很大，好像几十年的情绪积累一下子爆发出来了，她有一个很强大的超我，要做个好人，这个超我几乎把本我的空间全部占有了，本我无处释放，一直压抑，其实一直有不满，有被尊重的需要。这样时间久了总要爆发，只是一直没找到机会，或者没有机会和时机宣泄，当得重病后弟弟一家的反应让她抓到了把柄，有种"终于让我逮着你了"，你再也不可能逃避感恩回报的责任，于是这个心理游戏就没有办法停下来，这个把柄有足够的心理动力让她从好人这个神坛上下来，合情合理地指责弟弟忘恩负义，然后从另一方面进一步强化自己是个好人的价值观。

大姐谈到对丈夫的不满非常少，全部都是对弟弟一家的不满，觉得弟弟一家就是吸血鬼，对他们这么好，可他们对自己却很不好，自己趁着得病的机会说出家里的经济困难，弟弟一家都无动于衷时，她再一次证明了自己的判断，有种"终于让我逮着你了"的得意，可以向丈夫证明弟弟一家的不堪。可丈夫并不帮她说话时，她陷入了巨大的受挫和悲伤中，会担心将来的财产会被弟弟一家占有。

（咨询片段2）

大姐：我觉得将来我丈夫会把财产都给弟弟占有。

咨询师：你好像已经无能为力了，没关系，你还有儿子，儿子不傻，你的重点是养好身体，不要操心太多。

大姐：我这么好的人为什么会得病？

咨询师：你有很多的情绪，但是你一直压抑着，情绪没有宣泄，需要没有满足，它们就会攻击你的身体，让你生病，会用生病的方式告诉你，你不开心，不快乐。你有很多需要没表达，没告诉丈夫，丈夫也不知道怎么帮助你。但生病后，你的情绪和需要就出来了，你敢于表达需要了，也敢于求助心理老师了。

大姐：那我说出这些，大家会怎么看我？我不是要钱，我只是要弟弟懂得感恩，有态度，现在搞得好像我是要钱的，这对我是一种侮辱，让我很不舒服，很难受。

分析：大姐的价值观非常坚定，最后即使冲破了心理防线，大姐对弟弟一家提出了要求，她还是受到了价值观的伤害，一再说明自己不是要钱的。她的逻辑是只有弟弟一家给了钱，才算是对她尊重的表达，否则她会不停地玩"终于让我逮着你了"的心理动力游戏。

你是否曾感到内心深处有一种强烈的渴望，驱使你去追求梦想，去挑战未知，去改变世界？这就是动机，它如同一股神秘的能量源，推动我们迈向未知的领域，激发我们无限的可能。那么，动机到底是什么呢？让我们一起来探索一下这个迷人的话题。

动机，这是一个如星辰大海般广阔的主题。我们可以说，动机是我们内心的驱动力量，是驱使我们采取行动的内因和动力。它可以来自内在的需求、渴望和期待，也可以来自外部的环境、压力和期望。它是我们的燃料，为我们的生活和事业提供动力，使我们勇往直前。在心理育人中，只要我们把握内心的驱动力量，就能激发人的无限潜能。

"动机是直接推动人去活动的内在动因或动力。"动机具有引起个体活动的始动功能，指引活动方向的指向功能以及增强活动力量的强化功能。学习中的动机和兴趣如同化学反应中的催化剂，能促使学生集中精力，积极主动，不断探索，不断进取，加快达到学习目标的速度。

每个人的动机都有其独特之处，正如每个人的生命都是独一无二的。有人因理想而动，有人因恐惧而动，有人因爱情而动，也有人因对知识的渴望而动。但无论动机源自何处，它都扮演着举足轻重的角色，塑造着我们的性格、信念和选择。

你是否曾思考过自己的动机是什么？是追求知识的渴望，还是对生活的热爱？或者是为了家人和朋友的幸福？抑或为了实现自我价值？无论是哪种动机，它们都是我们人生旅途中的重要指引。通过理解自己的动机，我们可以更好地认识自己，把握生活的方向，更好地应对各种挑战和变化。

现在，让我们一起来深入揭开动机的神秘面纱吧。让我们一起探索它如何影响我们的行为和决策，如何塑造我们的性格和人生。在这个过程中，我们不仅可以更好地理解自己，也可以更好地理解他人。因为每个人的动机都是独特的，每个人都有他们自己的故事和旅程。让我们一起揭开动机的神秘面纱，让它的光芒照亮我们的人生道路！

在本章中，我们将深入探讨动机的奥秘，这是驱动我们心理能量的源泉。心理学领域中，动机研究一直是备受瞩目的焦点，其中充满了丰富多样的实验和理论。这些研究不仅涉及奖惩机制，还探讨了如何激发人的积极性。例如，调节水管实验揭示了内在动机对任务完成的惊人效率，而铁轨追逐实验则阐释了任务的挑战性与动机水平的关系。

首先，让我们走进这些心理学经典实验的深处，了解它们如何帮助我们理解动机的力量。随后，我们将探讨如何运用动机来解决生活中的问题，学习如何通过理解自己的动机来追求梦想，并在必要时给自己施加适当压力，以实现目标。

接着，我们将探讨动机与健康之间的微妙关系。过度的动机可能会带来沉重的压力，从而对个人的健康产生不利影响。因此，了解动机与健康之间的平衡至关重要。这启示我们在心理育人中，需要探索何种程度的动机最为合适去育人，我们要如何在日常生活的应用中找到这个平衡点。

最后，我们将讨论需要在疾病预防中的作用。需要不仅能够推动我们追求成功，还能够帮助我们预防疾病，维持身心健康。准备好了吗？让我们一起揭开动机的神秘面纱，深入这个决定我们行为和生活质量的关键领域。让我们跟随心理学的指引，探索动机的深层含义，以及如何在生活的各个阶段运用它来塑造一个更加健康、充实的人生。

一、动机探索：育人过程中的内外动力奥秘

在心理学的广袤领域中，动机研究占据着举足轻重的地位。它试图解答，为何我们会做出某些选择，为何有些任务让我们乐此不疲，而有些则让我们望而却步。一大经典实验——索玛立方块实验，为我们提供了深入探究这一问题的独特视角。

（一）索玛立方块实验：探索内在与外在动机的较量

爱德华·德西是一位著名的心理学家，他进行了一系列实验来探讨奖励与内在动机之间的关系。其中，他进行的索玛立方块实验（Soma cube experiment）尤其引人关注。①

在索玛立方块实验中，德西将参与者分为两组，A组和B组，每组都参与了一小时的实验，持续三天。实验的核心是围绕一个名为索玛的木质立方体进行，这个立方体可以被分为7个小块，每块的形状都是唯一的，例如T形、L形等。实验的目标是利用这7个小块按照图纸上的指示组装成特定的形状。

实验的第一天，A组和B组的成员都按照图片指示来拼索玛立方块，没有任何奖励。在这个阶段，两组的表现没有显著的差异，拼图本身对参与者来说充满趣味性和挑战性。

第二天，实验条件发生了变化。A组的成员在完成拼图后会得到奖励（例如，每拼好一个图形就给他们一定数量的钱），而B组则没有奖励。在这一天，A组的成员由于有奖励的激励，表现得更加积极，对组装立方块的兴趣明显增强。

然而，到了第三天，当两组再次在没有奖励的情况下进行拼图时，情况发生了逆转。A组的成员在之前的奖励消失后，对拼图的兴趣明显降低，他们在自由活动时间内花在拼图上的时间明显减少。相比之下，B组的成员

① 爱德华·德西.内在动机.［M］.王正林，译.北京：机械工业出版社，2020：10-12.

由于一直没有奖励，他们的表现与前两天相差不大。

这个实验揭示了一个重要的心理现象，即过多的奖励可能会降低个体对事情本身的兴趣和内在动机，这就是所谓的"德西效应"。适度的奖励确实可以巩固个体的内在动机，但过多的奖励却可能产生反效果。

索玛立方块实验为我们理解奖励与动机之间的关系提供了深刻的洞见，也对教育和管理实践产生了重要的影响。它提醒我们，在激发人们的积极性和兴趣时，除了考虑奖励的激励作用外，还需要关注奖励可能带来的负面影响，以及如何平衡外在奖励与内在动机之间的关系。

（二）启示与应用

首先，索玛立方块实验揭示了一个重要的心理现象，即过度依赖外部奖励可能会削弱个体的内在动机。在生活中，我们经常会遇到类似的情况。例如，家长为了激励孩子学习，可能会给予物质奖励；公司为了鼓励员工完成任务，可能会设置奖金制度。然而，这些外部奖励虽然短期内可能有效，但长期来看，它们可能会降低个体对活动本身的兴趣和热爱，从而减弱内在动力。

其次，索玛立方块实验强调了内在动机的重要性。当人们因为兴趣、好奇心或自我实现的需要而从事某项活动时，他们通常会更加投入、持久，并且更容易取得创新性的成果。因此，在教育和管理实践中，我们应该注重激发和培养个体的内在动机，而不是仅仅依赖外部奖励。

此外，索玛立方块实验还提醒我们，要关注个体的需求和兴趣。每个人都有自己的兴趣和特长，只有当我们真正了解并尊重个体的差异时，才能更有效地激发他们的潜能和创造力。例如，在教育孩子时，我们应该根据他们的兴趣和特点来制订个性化的学习计划，而不是一刀切地采用统一的教学方法。

最后，索玛立方块实验也对我们个人的成长和发展具有指导意义。它提醒我们要保持对学习和探索的热情，不要仅仅为了外部奖励而工作，而是要追求自我实现和内在满足。同时，我们也应该学会在适当的时候给予自己奖励和认可，以保持积极的心理状态和持续的动力。

综上所述，索玛立方块实验对生活产生了深远的影响。它让我们认识到奖励与内在动机之间的关系，强调了内在动机的重要性，并提醒我们关注个体的需求和兴趣。通过理解并应用这些原理，我们可以更好地激发自己的潜能和创造力，实现个人和社会的共同发展。

二、行为背后的秘密

动机是一个概括性的术语，是对所有引起、指向和维持生理和心理活动的过程的统称。动机这个词语来源于拉丁语 *movere*，意思是"趋向"（to move）。所有的生物有机体都会趋向于某些刺激和活动而远离其他的刺激和活动，这由它们的喜好和厌恶而决定。动机理论不仅解释了每个物种（包括人类）普遍的"运动"模式，而且也解释了每个物种中不同个体的喜好和行为。[①]

研究者一般将产生行为的因素分为内部和外部两类因素，驱力、本能和历史学习都是动机的内部来源，它们在合适的外部激励条件下影响行为，但把动机来源看作内部的还是外部的，在一定程度依赖于自身对客观实体的主观认识。

（一）动机与马斯洛需求理论

人本主义心理学家亚伯拉罕·马斯洛（Abraham Maslow，1908—1970）系统地总结了这一理论，即基本的动机形成了需要层次（hierarchy of needs）。按照马斯洛的观点，在到达下一个更高等级之前，每一等级的需要都必须得到满足——这些需要按低级到高级的顺序排列。在需要层次的最底层是基本的生理需要，如饥饿。在产生其他任何需要之前，这些基本的生理需要得到一定满足。如果基本的生理需要很紧迫，其他需要就处于抑制状态，而且不可能影响人的行为。当它们得到合理的满足后，下一个层次的需要——安全需要，就会对你产生激励作用。当你不再关心安全问题时，你又会被归属的需要——融入他人中间与他人发生联系的需要、爱以及被爱的需要——所激励。如果你的生活衣食无忧并且很安全，而且具有社会归属感，你就会上升到尊重的需要——爱全部的自己，认为自己有能

---

① 理查德·格里格，菲利普·津巴多. 心理学与生活（第19版）［M］. 王垒，等译. 北京：人民邮电出版社，2016：351－352.

力和有效率去做能赢得别人尊重的事情。

位于需要层次顶端的是这样一些人，他们生活富裕、安全、被别人爱以及爱别人、有信心、善于思考并有创造力。这些人已经超越了人类基本的需要而寻求他们潜力的充分发展——自我实现。一个要实现自我的人有自知之明，能自我接受，在社会中反应灵敏，有创造性，自动自发，以及愿意接受新事物和挑战等积极特征。

马斯洛的理论是关于人类动机的一种非常乐观的观点。该理论的核心就是个体的成长以及发挥其最高潜力的需要。然而，你也许从你的个人经验中发现，马斯洛的需要层次理论存有不足之处。例如，你可能为了帮助朋友而忘记饥饿；你也许能忍受野外探险的危险来提升自尊。尽管如此，马斯洛的理论能够帮我们梳理自己动机体验的不同方面。

（二）行为背后的"有理"

动机激励人们去做事情，一个人在工作时感到了饥饿，对食物生理上的需求让他起来去厨房寻找吃的。如果饥饿感足够强烈，他也可能去自己做点什么吃。饥饿的生理需要引起行为（站起来），引导行为（去厨房），并且保持寻找这一过程（找到或是自己做一些东西来吃）。当然饥饿仅仅是一个例子而已。孤独感会让人们去给朋友煲电话粥或是去个有人的地方以寻求被关注。对人生追求的渴望激励着人们去读大学……

想到动机，促使我想谈谈敏感心理，发现"无理"背后的"有理"现象。

我们健康的身体有个小气候，内环境是恒温的，不会外面热你也热，外面凉你也凉。靠的是自身阴阳平衡，即人体的内环境相当于一个恒温箱，恒温箱保持室内温度在一个恒定的区域，内环境对于人体的功能也是如此。

如果意外伤及身体，可能五脏紊乱无法平衡，冷热不分内环境不恒温会经常感冒。关节一疼便知道要变天不是什么特异功能，是一种对外界风吹草动相当敏感的病态。身心一体，我们的心理何尝不是如此。正如范仲淹的《岳阳楼记》里所写，健康人"不以物喜，不以己悲"。因为健康的人心开有度，收放自如。

那不健康的人呢？天气环境的变化都能让人心情不好，更何况亲身所经历的事呢？极其敏感的人心放出去就难以收回来，便会有很多"无理"

的行为，这背后必定有很多"有理"的故事。

好奇背后的故事，你会发现未知的自己。比如，一个妻子老看不惯丈夫早餐吃剩饭，而丈夫看不惯浪费东西。其实两个人背后有太多成长的故事，丈夫一直生活节俭，妻子从小生活无忧。最好的是谁也不需要改变谁，丈夫会一直给老婆准备好馒头包子的同时，自己默默地吃剩饭，和而不同。这就是对行为背后动机的最大尊重。

生活中的点滴事情都有它背后的逻辑，动机就像我们体内的直流电动机，我们的内在的期望和需求以及外部等因素都是电量的来源。也像我们存在的永动机，它不断激励着我们发生行为、对外界做出反应。

（三）动机与情绪：行为背后的情感色彩

动机，这一心理现象，是我们所有行为背后的驱动力。它与情绪紧密相连，共同塑造着我们的行为决策和情感体验。在日常生活中，动机与情绪相互作用，共同影响着我们的生活。

想象一下，当你感到饥饿时，你的动机是寻找食物来满足生理需求。而在寻找食物的过程中，你可能会感到焦虑或不安，这种情绪是因为饥饿感让你感到不适。这种焦虑或不安的情绪会影响你的行为选择，你可能会更加急切地寻找食物，甚至选择一些不太健康但能快速缓解饥饿的食物。这就是动机与情绪相互作用的一个例子。

同样地，动机也能影响我们的情绪体验。当我们追求某个目标时，我们的动机可能会让我们感到兴奋、期待或紧张。比如，当你准备参加一个重要的面试时，你的动机是获得这份工作，而这个动机可能会让你感到紧张和焦虑。然而，当你成功获得这份工作后，你会感到满足和喜悦，这是因为你的动机得到了实现，同时也带来了积极的情绪体验。

了解动机与情绪之间的关系，不仅可以帮助我们更好地理解自己的行为决策和情感反应，还可以指导我们如何更好地调整自己的行为和情绪。当我们意识到某个行为背后隐藏的动机时，我们就能更加理性地面对自己的情绪体验，从而更好地调整自己的行为选择。

（四）动机与社交：人际关系中的互动与影响

动机在社交环境中也发挥着重要作用。在人际关系中，我们的动机往往与他人的动机相互交织，形成一个复杂而微妙的互动网络。

比如，在一个团队项目中，每个成员都有自己的动机和目标。有的成员可能希望通过这个项目展示自己的能力，获得晋升的机会；而有的成员可能更关注项目的成功，希望为团队带来荣誉。这些不同的动机会影响成员之间的合作和互动方式。如果团队成员能够理解和尊重彼此的动机，就能够建立更加和谐的人际关系，促进项目的顺利进行。

此外，动机还会受到他人的影响。比如，当我们看到身边的人都在努力追求某个目标时，我们可能会受到启发和鼓舞，从而增强自己的动机和行动力。相反，如果周围的人对某个目标持消极态度或缺乏兴趣，我们可能会受到影响而减弱自己的动机。

因此，了解动机在社交环境中的作用，可以帮助我们更好地理解和应对人际关系中的互动和影响。通过理解和尊重他人的动机，我们可以建立更加和谐的人际关系，促进彼此之间的成长和发展。同时，我们也可以通过调整自己的动机和行为来更好地影响他人，推动人际关系的积极发展。

（五）动机与创造力：创新背后的驱动力

创造力是人类文明进步的重要推动力，而动机则是创造力背后的关键驱动力。当我们面临挑战或需要创新时，动机能够激发我们的思维活力，推动我们超越常规，寻求新的解决方案。

以苹果公司为例，其创始人史蒂夫·乔布斯具有强烈的创新动机。他希望通过自己的产品改变世界，让人们的生活变得更加便捷和有趣。这种强烈的创新动机驱使他不断挑战传统观念和技术限制，推出了许多颠覆性的产品，如 iPod、iPhone 和 iPad 等。这些产品不仅改变了人们的生活方式，也推动了整个科技行业的进步。

乔布斯的创新动机不仅来源于个人对技术的热爱和对未来的憧憬，还来源于他对用户需求的深刻洞察。他始终关注用户的需求和痛点，并以此为导向进行产品设计和创新。这种以用户为中心的创新动机使得苹果的产品能够紧密贴合用户需求，获得广泛的认可和喜爱。

乔布斯的故事告诉我们，强烈的创新动机是推动创造力的重要因素。当我们面临挑战或需要创新时，我们可以通过明确自己的创新目标、关注用户需求、不断学习和探索新技术等方式来激发自己的创新动机。同时，我们也应该允许自己犯错误并从中学习，因为创新往往是一个不断试错和改进的过程。

（六）动机与幸福：追求内心的满足与平衡

在人类生活的纷繁复杂中，幸福似乎总是那个难以捉摸却又让人永恒追求的目标。是什么驱使我们不断前行，即便面临困境也坚持不懈？这背后的力量，便是我们的动机。动机不仅影响我们的行为决策，更与我们内心的满足和生活的平衡紧密相连。那么，如何通过深入探索动机，找到通往幸福的路径呢？

首先，我们需要清晰地认识自己的价值观和目标。明确自己的真正所求，是追求幸福的第一步。当我们对自己的价值观和追求有了清晰的认识，就能更加坚定地走向目标，避免在人生的旅途中迷失方向。

其次，保持积极的心态和情绪至关重要。生活总会遇到各种挑战和困难，而积极的心态能够帮助我们更好地应对这些挑战，从中寻找成长和前进的动力。一个积极的心态，就像一盏明灯，照亮我们前行的道路，让我们在困境中也能看到希望的光芒。

此外，平衡的生活同样重要。在追求目标的过程中，我们很容易陷入过度努力的境地，从而忽略了生活的其他美好。学会合理安排时间和精力，让工作和生活达到一种和谐的平衡，是追求幸福的关键。这样，我们才能在追求目标的同时，也能享受到生活的乐趣，感受到内心的满足和平衡。

为了更好地理解动机与幸福的关系，让我们来看一个具体的案例。有一个年轻人，他从小就对艺术充满热爱。在成长的过程中，他始终保持着对艺术的热情和追求。大学毕业后，他选择成为一名画家，希望通过自己的作品传递美好和温暖。

然而，在艺术的道路上，他也面临着许多挑战和困难。有时，他会因为创作的瓶颈而感到沮丧和失落。但每当这个时候，他都会想起自己的初心和追求，重新振作起来。他坚信，只有通过不断努力和探索，才能找到真正属于自己的艺术之路。在这个过程中，他不仅享受到了创作的乐趣，也感受到了内心的满足和平衡。他的作品逐渐得到了人们的认可和喜爱，他也因此感受到了巨大的幸福和成就感。

这个年轻人的故事告诉我们，明确自己的动机和目标、保持积极的心态和平衡的生活方式，都是通往幸福的关键。当我们清晰地认识自己的价值观和追求时，就能更加坚定地走向目标；当我们保持积极的心态时，就能在面对挑战时迎难而上；当我们学会平衡生活时，就能在追求目标的同时享受到生活的美好。

这一部分我们认识了动机是什么、马斯洛需求理论与动机的联系、动机产生的来源，以及对生活中的案例分析。那么我们是否可以通过动机产生的内外部原因来改善我们的情绪等身体健康与心理健康呢？在心理育人中，我们会从哪些方面去改善情绪从而调节行为呢？

三、动机推动人

（一）动机与日常行为：一场心灵的微观探索

在古老的中国医学经典《黄帝内经》中，有这样一句智慧之语："法于阴阳，和于术数。"这简短的几个字，却道出了人类生活与自然规律之间的深刻联系。然而，在现代社会的快节奏生活中，人们似乎越来越远离这种和谐。当夜幕降临，许多人选择流连于五光十色的夜生活，舍不得入睡，仿佛在与时间赛跑。然而，这种生活方式往往忽视了身体与自然的和谐，导致身心俱疲。

动机，这个看似简单却内涵丰富的概念，是我们日常行为背后最为隐秘的推手。它源于我们内心的需求和欲望，驱使我们去追求、去行动。从清晨醒来的那一刻起，动机就开始在我们的生活中发挥作用。为什么我们选择起床而不是继续沉睡？为什么我们选择出门工作而不是待在家里休息？这些问题的答案，都隐藏在我们的动机之中。

日常行为，作为我们生活中最为常见也最为复杂的现象之一，从刷牙洗脸到吃饭睡觉，从工作学习到休闲娱乐，无一不受到动机的影响。动机不仅决定了我们行为的方向和目标，还影响了我们行为的方式和效率。以工作为例，有的人为了生存而工作，他们的行为更多地受到外在动机的驱动；而有的人则因为热爱自己的工作而投入其中，他们的行为则更多地受到内在动机的驱动。这种差异不仅影响了他们工作的积极性和效率，还影响了他们工作的质量和成果。

动机与日常行为之间并非孤立存在，而是相互影响、相互作用的。一方面，动机决定了我们行为的方向和目标；另一方面，我们的行为也会反过来影响我们的动机。这种互动关系在日常生活中无处不在。为了更好地理解动机与日常行为的关系，让心理育人进入到日常生活中，我们可以结合具体的案例进行分析。

小王是一个普通的上班族，每天清晨，当闹钟响起时，他的内心都会经历一场挣扎。起床，意味着要面对拥挤的交通和繁重的工作；继续沉睡，则可能导致一天的计划被打乱。在这个选择中，动机起着关键的作用。起初，小王的动机是出于对工作的责任和生活的需要，他选择了起床。

但随着时间的推移，他开始思考如何更好地利用早晨的时间。于是，他开始在床上听一些英语录音，这样既能提高语言能力，又能让早晨的时间变得更有价值。渐渐地，他发现自己对英语产生了浓厚的兴趣，学习英语成了他内在的动机。这个变化不仅提高了他的学习效率，还让他在工作中获得了更多的机会。

再来看小李的例子。小李是一个热爱旅行的人，她的动机源于对未知世界的好奇和探索欲望。每年，她都会抽出一段时间去旅行，这不仅让她放松了身心，还拓宽了她的视野。在旅行中，小李会尝试各种不同的活动和体验，比如攀岩、潜水、学习当地的手工艺等。这些经历不仅丰富了她的生活，还让她更加了解自己的兴趣和潜能。通过旅行，小李的动机得到了满足和升华，她的日常行为也因此变得更加充实和有意义。

这些案例让我们看到，动机与日常行为之间的关系是复杂而微妙的。理解这种关系不仅可以帮助我们更好地认识自己和他人的行为模式和心理特征，还可以帮助我们更加有效地管理和调整自己的行为和心态。那么，如何通过调整动机来优化我们的日常行为呢？

首先，我们需要明确自己的目标和价值观。这样，我们才能确定哪些行为是符合我们的目标和价值观的，哪些行为是不符合的。当我们清楚自己的目标和价值观时，我们就能够更加自觉地选择那些有助于实现目标的行为。

其次，我们可以尝试将外在动机转化为内在动机。比如，我们可以通过培养对工作的热爱和兴趣来提高工作的积极性和效率。当我们对工作充满热情时，我们就会更加投入和专注地工作，从而取得更好的成果。

此外，我们还可以借助一些工具和方法来帮助我们更好地管理和调整自己的动机和行为。比如，我们可以制订详细的计划来确保自己的行为与目标保持一致；我们还可以使用提醒工具来帮助我们养成良好的习惯；我们还可以进行反思和总结来评估自己的行为是否达到了预期的效果。

总之，通过对动机与日常行为的探讨和分析，我们可以发现它们之间存在着复杂而微妙的联系。当我们理解这种关系并将这种关系融入心理育人中，不仅可以帮助我们更好地认识自己和他人的行为模式和心理特征，还可以帮助我们更加有效地管理和调整自己的行为和心态。在未来的生活中，我们可以不断地探索和实践如何更好地运用动机的力量来优化我们的日常行为，从而让我们的生活更加充实、有意义和幸福。

（二）控制心理：无处不在的束缚

在独生子女时代，父母的控制似乎无处不在。尽管许多父母口头上表示不希望控制孩子，但实际行动中却难以做到知行合一。这种控制不仅体现在学习、生活等各个方面，更在无形中剥夺了孩子的自由和成长的空间。

例如，当孩子兴奋地带着自己折好的小鸟跑回家，期待得到父母的赞赏时，有的父母却会劈头盖脸地批评孩子不务正业。这样的反应，无疑会让孩子感到沮丧和失落，甚至开始怀疑自己的价值和存在的意义。

与此相反，懂得教育的父母则会看到孩子背后的努力和创造力，给予他们鼓励和支持。这样的父母明白，控制不是教育的目的，而是引导孩子健康成长的一种方式。

控制心理，这一无处不在的束缚，与动机和健康之间有着千丝万缕的联系。在现代社会中，控制心理往往以一种隐性的方式存在，它渗透到我们的日常生活中，影响着我们的行为、情绪和动机。

首先，控制心理会阻碍我们的动机发挥。当我们处于被控制的状态时，我们的内心往往会产生一种抵触和反抗的情绪，这使得我们无法全身心地投入到某项活动中。例如，当我们在工作中受到过多的干涉和限制时，我们可能会失去对工作的热情和动力，导致工作效率下降。同样，在家庭中，如果父母过度控制孩子的行为和思想，孩子可能会产生逆反心理，甚至与家长产生冲突。这种冲突不仅会影响家庭的和谐氛围，还可能对孩子的心理健康产生负面影响。

其次，控制心理会影响我们的身心健康。长期处于被控制的状态下，我们的内心可能会感到压抑和束缚，这会导致我们出现焦虑、抑郁等情绪问题。同时，过度的控制还可能影响我们的睡眠质量、饮食习惯等，从而对我们的身体健康产生不良影响。例如，一些家长为了让孩子取得好成绩，过度控制孩子的学习时间和休息时间，这可能会导致孩子出现过度疲劳和失眠等问题。

此外，控制心理还可能影响我们的社交和人际关系。当我们试图控制他人时，往往会引起他人的反感和抵触，从而破坏我们与他人的关系。在团队中，如果领导者过于强调自己的权威和控制力，可能会导致团队成员之间的信任危机和合作障碍。这种紧张的氛围不仅会影响团队的工作效率，还可能对团队成员的心理健康产生负面影响。

那么，如何摆脱控制心理的束缚呢？首先，我们需要认识到控制心理的存在。当我们意识到自己在过度控制他人或自己时，可以试着放松一些，给予他人或自己更多的自由和空间。其次，我们需要学会信任他人。在团队中，领导者应该相信团队成员的能力和责任心，给予他们充分的授权和支持。在家庭中，父母应该相信孩子的成长潜力和自我管理能力，给予他们更多的自主权和选择权。最后，我们需要培养自己的内心力量。当我们拥有足够的自信和自尊时，我们就能够更好地抵抗外界的控制和干涉，保持自己的独立性和自主性。

总之，控制心理是一种无处不在的束缚，它与我们的动机和健康密切相关。为了摆脱这种束缚，我们需要认识到它的存在，学会信任他人，培养自己的内心力量。只有这样，我们才能真正地释放自己的潜能和创造力，实现自己的价值和梦想。同时，我们也能更好地维护自己的身心健康和人际关系的和谐稳定。

在心理育人中，教育者需明白"控制"并不能达到自己的目的，我们要相信孩子的成长潜力和自我管理能力。适度地"放手"，给孩子更多的自由和空间，孩子会反馈给我们很大的惊喜。

（三）环境心理：生活中的无声影响

环境，这个看似静止无声的存在，实际上对我们的生活、动机和健康产生着深远的影响。环境心理学告诉我们，环境不仅仅是我们生活的背景，更是我们行为和情感的重要影响因素。当我们探讨动机与健康时，环境心理成了一个不可忽视的重要领域。

我们的动机，即内心的驱动力，往往受到环境的影响。在一个充满激励和正面能量的环境中，我们更容易产生积极向上的动机，追求更好的自我。相反，一个压抑、消极的环境则可能削弱我们的动机，让我们感到无力和迷茫。

例如，当我们身处一个整洁、有序、充满绿意的办公环境时，我们更容易产生高效工作的动机。这样的环境激发了我们内心的积极能量，让我们更加专注于工作，提高效率。相反，如果办公环境混乱无序、阴暗压抑，我们可能会感到疲惫和厌倦，难以集中精力，动机也会受到很大的影响。

环境不仅影响我们的动机，更与我们的健康息息相关。一个健康、舒适的环境有助于我们的身心健康，而一个污染、嘈杂的环境则可能对我们的身体和心理产生负面影响。

例如，长期生活在空气质量差的环境中，我们可能会患上呼吸道疾病；而长期暴露于噪声污染中，则可能导致听力受损、心理压力增大等问题。这些健康问题不仅会影响我们的生活质量，还可能进一步影响我们的动机和积极性。

既然环境对我们的动机和健康有着如此重要的影响，那么我们就应该积极创造一个有利于动机和健康的环境。这包括保持生活和工作环境的整洁有序、提高空气质量、减少噪声污染等。

此外，我们还可以通过调整环境的色彩、光线、温度等因素来影响我们的心情和动机。例如，温暖的色调和柔和的光线可以让我们感到放松和舒适，有利于激发创造力和积极性；而冷色调和强烈的光线则可能让我们感到紧张和不安，不利于动机的产生和健康的维护。

值得注意的是，环境心理与动机健康之间的关系并不是单向的，而是相互作用的。我们的动机和健康状态也会影响我们对环境的感知和反应。当我们处于积极、健康的状态时，我们更容易欣赏和珍惜美好的环境；而当我们处于消极、不健康的状态时，我们可能对环境产生更多的抱怨和不满。

因此，我们需要时刻关注自己的动机和健康状态，及时调整自己的心态和行为，以保持与环境之间的动态平衡。只有这样，我们才能真正享受到环境带来的积极影响，同时保持自己的动机和健康地持续发展。

环境心理是一个复杂而重要的领域，它涉及我们的动机、健康以及生活的方方面面。通过深入了解和关注环境心理，我们可以更好地调整自己的心态和行为，创造一个有利于动机和健康的生活环境。让我们共同努力，让环境成为我们生活和发展的助力，而不是阻碍。

让我们通过一个真实的案例来更好地理解动机与心理的关系。小王是一个年轻的职场新人，他非常渴望在工作中表现出色并得到上司的认可。然而，由于过于追求完美和担心出错，他在工作中总是紧张兮兮的，难以发挥出自己的真实水平。

在一次重要的项目汇报中，小王因为紧张而失误了。他感到非常沮丧和自责，认为自己是一个失败者。然而，在朋友的鼓励下，他开始重新审视自己的动机和心态。他意识到，过度追求完美和担心出错并不是真正的动力来源，而是源于内心的恐惧和不安。

为了改变这种状况，小王开始调整自己的心态和动机。他学会了接受自己的不完美，并从失败中汲取经验教训。渐渐地，他发现自己的工作表现越来越出色，也得到了上司和同事的认可。

这个案例告诉我们，动机和心态对我们的行为和情绪有着深远的影响。只有当我们找到真正的动力来源并调整好自己的心态时，才能在生活中发挥出自己的最佳状态。

通过以上几个方面的探讨，我们可以看到动机与健康之间的紧密关系。无论是日常生活中的行为选择、儿童视角下的生命哲学、无处不在的控制心理还是环境心理的影响，都反映了我们内心的动机和追求。在心理育人中，当我们正确把握动机与行为之间的关系，将会在心理育人中产生巨大的作用。

为了保持身心健康和生活的和谐美好，我们需要学会调整自己的动机和心态。我们需要顺应自然、尊重内心、放下控制、创造和谐的环境并寻找真正的动力来源。只有这样，我们才能在生活中找到属于自己的幸福和满足。

四、看不见的动力

需要心理学讲究"予而勿夺"（出自《黄帝内经》），比如前几天跟小朋友玩游戏，我输得很惨，小朋友便屡次违反游戏规则放水给我游戏币，我很好奇地问他为什么要这么做，小朋友说"你很快完蛋了，我就没得玩了"。比如"饥时一口，胜过饱时一斗"。比如"锦上添花，不如雪中送炭"。比如古代不管你犯了多大罪，在春天、夏天，国家都养着你，不杀你，等到秋后再来问斩。比如宋江有个外号叫"及时雨"，所以有那么多朋友。

所以，春天，我们要学会给予，是在最需要的时候给，在春天，你"予"，最后你的收获会很大。如果你在冬天撒了一地的种子，"予"没用了，别人不领你的情，所以春天要多行善事，多播种。需要是一种缺失的紧张感，如果在没有缺失你时满足，当然与在缺得很厉害时去满足形成的心理感受阈值是不一样的，有没有想起被陌生人一碗面感动得离家出走的孩子。

在日常生活中，我们有很多基本的需求。例如，我们需要食物来补充能量，保持健康。我们需要一个安全的住所来提供保护和舒适的环境。我们需要良好的人际交往来维持社会生活。我们也需要听音乐、看电影来使我们的精神得到满足。这些都是我们在日常生活中必不可少的需求。

关于需要，心理学界存在不同的理论观点，比较著名的有默里的需要理论和马斯洛的需要层次理论。默里需要理论强调个体需求与环境之间的相互作用。个体的需求是一种具有生化性质的力量，能够组织知觉、智能和动作等，以改变不如意的环境。而马斯洛需要理论则提出了一个需求层次的结构。马斯洛认为，人类的需求从低到高可以分为不同的层次，包括生理需求、安全需求、社交需求、尊重需求和自我实现需求。他强调，人类在满足低层次需求的基础上，会追求更高层次的需求满足。

（一）在教育领域的应用

默里需要理论的应用，教师可以通过了解学生的学习需求和环境压力，调整教学方法和策略，以更好地满足学生的学习需求。例如，对于某些学生而言，他们可能更喜欢通过实践活动来学习新知识，而对于其他学生则可能更喜欢通过理论学习来掌握知识。教师可以通过观察和沟通，了解学生的需求，并灵活调整教学方式，还可以理解学生的学习动机和行为背后的原因。有时候，学生的学习问题可能并不仅仅是因为教学方法不当，还可能是因为他们面临着某种环境压力或情感困扰。通过深入了解学生的需求和环境，教师可以更好地帮助学生解决问题，提升学习效果。

马斯洛需要理论的应用，教师需要关注并满足学生的这些需求。例如，在生理需求方面，教师需要确保学生有足够的休息和营养；在安全需求方面，教师需要为学生创造一个安全、稳定的学习环境；在社交需求方面，教师可以通过组织小组活动等方式，帮助学生建立良好的人际关系；在尊重需求方面，教师需要尊重学生的个性差异和成就，给予他们充分的认可和鼓励；在自我实现需求方面，教师可以鼓励学生发挥自己的潜能和才能，实现自我价值。

（二）在管理领域中的应用

默里需要理论的应用，管理者需要密切关注员工的需求，并了解这些需求如何与工作环境、组织文化等相互作用。通过深入了解员工的需求，管理者可以制定更加人性化的管理制度，提供更加符合员工需求的工作环境，从而激发员工的工作积极性和创造力。

马斯洛需要理论的应用，可以为管理者提供了理解和满足员工需求的框架。管理者可以根据这些需求层次，制定相应的管理策略。例如，满足员工的生理和安全需求，提供稳定的工作环境和合理的薪酬待遇；满足员工的社交需求，营造良好的团队氛围和人际关系；满足员工的尊重需求，给予员工充分的认可和尊重；满足员工的自我实现需求，提供发展机会和挑战性的工作任务。

这两种理论还可以帮助管理者更好地进行员工激励。通过了解员工的需求类型和程度，管理者可以制定个性化的激励方案，如提供培训、晋升机会、奖金、福利等，以满足员工的不同需求，从而激发员工的工作动力和创造力。

（三）在自我成长中的应用

默里需要理论的应用，在自我成长过程中，我们需要关注自己的需求，并寻找适合的环境和机会来满足这些需求。例如，如果我们渴望学习新知识或技能，我们可以选择参加相关的课程或工作坊，与志同道合的人交流学习，这样可以更好地满足自己的学习需求，促进个人成长。

马斯洛需要理论的应用，我们可以从低到高逐步满足自己的需求，从而实现自我成长。首先，我们需要满足基本的生理和安全需求，确保自己的身体健康和生活稳定。然后，我们可以逐渐关注社交和尊重需求，与他人建立良好的关系，获得他人的认可和尊重。最后，我们可以追求自我实现需求，发挥自己的潜能和才能，实现自我价值。

在自我成长过程中，我们可以运用这两种理论来调整自己的心态和行为。当我们遇到困难和挫折时，我们可以分析自己的需求层次，找到问题的根源，并采取相应的措施来满足这些需求。例如，如果我们感到缺乏自信和自尊，我们可以尝试通过自我肯定、积极参与社交活动等方式来提升自信和自尊水平。

一对夫妻在日常生活中因为琐事发生了争吵。妻子辛苦打扫了家里的卫生，希望家里整洁干净。然而，丈夫不小心把饮料洒在地板上，弄脏了妻子刚打扫好的地方。妻子看到这一幕，感到非常生气和失望，于是责怪丈夫说："要不是你，我根本不用这么辛苦地打扫卫生！"面对妻子的指责，丈夫选择了自我归责的方式回应："都怪我笨手笨脚。"

从马斯洛需求层次理论的角度来看，这个故事反映了夫妻双方在生理需求、安全需求、尊重需求以及自我实现需求方面的追求和冲突。

首先，妻子对干净整洁的家庭环境的追求，体现了她对生理需求和安全需求的追求。一个整洁的家可以提供一个舒适、健康的生活环境，对于妻子来说，这是基本的需求。当丈夫的行为威胁到这一需求的满足时，妻子感到失望和生气。其次，妻子对丈夫的责怪反映了她对尊重需求的渴望。她希望自己的努力和付出能得到丈夫的认可和尊重。然而，丈夫的行为让她觉得自己的尊重需求没有得到满足，因此产生了不满和争吵。

而丈夫的自我归责，则可能反映了他对自我实现和尊重需求的追求。他可能希望自己能够做得更好，得到妻子的认可和尊重。当自己犯错时，他感到内疚和自责，认为这是自己没有达到自我实现和尊重需求的表现。

在这种情况下，更好的沟通方式可能是丈夫先表达对妻子努力的认可和感激，然后承认自己的错误，并提出具体的改进措施。这样的回应既满足了妻子的尊重需求，也展示了丈夫对自我实现和尊重需求的追求。通过共同面对问题并寻求解决方案，夫妻两人可以建立更加和谐的关系，共同实现自我价值和成长。

今年春节档电影《热辣滚烫》，此前一直宣传贾玲为电影暴减100斤，可真正去了电影院才发现这部电影讲的是一个从自我放逐到自我认同的故事，与减肥无关，与恋爱无关，甚至和励志无关，电影的故事围绕着宅家多年的杜乐莹（贾玲饰演）展开。杜乐莹大学毕业后工作了一段时间，然后选择脱离社会，封闭社交圈层，她认为这是与自己"和解"的最好方式。然而，一日在命运的推动下，她决定改变生活方式，开始小心翼翼地与外界接触。在这个过程中，她结识了拳击教练昊坤（雷佳音饰演）。杜乐莹以为生活即将步入正轨，但接踵而至的考验让她必须克服种种困难，最终她成功地开启了滚烫的人生。使用马斯洛的需要层次理论来联系《热辣滚烫》这部电影，我们可以发现电影中的主角杜乐莹在寻求自我和幸福的过程中，实际上也在逐步满足马斯洛所提出的不同层次的需求。

首先，杜乐莹最初选择脱离社会，封闭自己，可能是因为她在满足基本的生理需求（如食物、衣物）和安全需求（如工作保障）后，对于更高层次的需求感到困惑和无法满足。她可能觉得社交需求（友谊、归属感）和尊重需求（自尊、他人对我的尊重）在现实生活中难以实现，因此选择了逃避。

然而，在电影的推进中，杜乐莹开始接触外界，尤其是在遇到拳击教练昊坤后，她的人生开始发生转变。通过与昊坤的互动和训练，她逐渐找回了自信和自尊，这可以看作她开始满足尊重需求的表现。同时，她也重新建立了与他人的社交联系，甚至开始尝试在拳击比赛中展示自己的实力，这体现了她对社交需求和自我实现需求的追求。

最终，杜乐莹通过不懈的努力和坚持，成功地开启了滚烫的人生。她不仅在拳击比赛中获得了胜利，更重要的是她找到了真正的自我和生活的意义。这一过程可以看作她在满足自我实现需求的同时，也实现了对更高层次需求的追求和满足。

通过马斯洛的需要层次理论，我们可以发现《热辣滚烫》这部电影，实际上是一部关于如何在追求不同层次需求的过程中找到自我和幸福的故事。我们在面对生活的挑战时，要勇敢地走出自己的舒适区，追求真正的自我和更高的生活目标。

我们不难发现，马斯洛需求层次理论在我们的日常生活中无处不在，它像一面镜子，映射出我们行为的背后动机和追求的目标。从最基本的生理需求到最高级的自我实现需求，这些层次构成了我们人生追求的阶梯。每当我们与人交往、做出选择或是面对挑战时，这些需求都在潜移默化着我们的决策和行动。理解并应用马斯洛需求层次理论，不仅可以帮助我们更好地认识自己，理解他人的行为，还能指导我们在生活中做出更加明智和合理的选择。

—————————— 第六章 ——————————

情绪的漩涡：人们生活能量的性质界定

实例引入：一个生日收到 200 份生日礼物

小 K，男，大三，独生子，父母离异并各自组建了新家，都没有再要小孩，他跟着爸爸生活。因为恋爱关系被分手前来求助。他之前咨询过一次就没有再咨询了，这次女朋友要分手主动预约前来咨询。第一次咨询他感觉老师给的建议没有什么用，咨询师建议他看书就可以解决，小 K 本身很爱看书，觉得咨询师的方法帮不到自己，就没有再进行咨询了，现在问题没有解决又重新换咨询师来咨询。

小 K 出生就由外婆外公带，爸爸是火车技术人员，妈妈爱玩。小学在舅舅家读到 3 年级，在伯伯家读到初中，经常到亲戚家吃百家饭，初中有记忆，家里有新房子，爸爸妈妈频繁出现，妈妈在家做饭做得多，初二妈妈出轨，爸爸很疯狂，会拿皮鞭抽妈妈，会因为成绩把自己半夜丢在坟地，会把自己摁到水桶里，会骂小 K 骂到半夜不准睡觉，会早上 6 点就把小 K 骂醒。爸爸的情绪非常糟糕，作为"父亲"的角色很失败。他来咨询时整个人情绪非常崩溃，想死，想过用跳楼的方式结束，也想过吃药。

分析：小 K 的情绪非常容易暴躁，可能源于爸爸的影响，一直备受情绪的困扰，还有养育环境一直不稳定，父母陪伴太少，缺少疏导和情绪调节能力，后来情绪障碍一直是个问题。

小 K 距离第一次咨询才两天，又急着要咨询，因为做了很多死亡主题的梦，所以急于想知道为什么，急着要咨询。其间谈到的死亡主题与小 K 自己有关，大部分都是僵尸穿喉小 K，开枪打死小 K，澄清了这种梦中的情绪是害怕场景，不是怕死，是恐惧孤立无援、不能掌控的境地。他还谈到初中时妈妈出轨，从小跟外婆外公生活，对他们有感情，但是爸爸妈妈离婚时，他们不敢要自己，害怕爸爸的无理取闹。小 K 觉得他们的爱不真实，一边说爱他，一边又说不敢要自己。他们觉得爸爸更需要小 K，把他扔给一个情绪失控的爸爸，爸爸得过精神疾病，吃药治疗过，现在好很多了。他初中到高中就是爸爸的情绪垃圾桶，很压抑。妈妈要离开家的时候，爸爸这边所有的亲戚都来指责小 K，觉得他应该去挽留妈妈，甚至要小 K 用死去威胁妈妈留下来。爸爸这边的亲戚还不允许自己去见外公外婆，反正就是不断地指责羞辱小 K，逼小 K 去打妈妈，去骂妈妈，说小 K 不懂事，怎么不去死，小 K 有一种强烈的撕扯感和无力感，他们认为妈妈的离开都是小 K 造成的。

（咨询片段 1）

小 K：他们起码有几百个人轮流羞辱我，指责我，好像都是我的错。

咨询师：想想你那时有多难，那么小，这些人撕扯着你一个孩子，你其实什么都做不了。

小 K：是的，我就是被撕扯着，撕扯着……（电话那头失控嚎啕大哭……）

分析：一个懵懂的孩子被一群大人的羞辱撕得粉碎，还没有人去抚慰他受伤的心灵，就这样带着屈辱和挫败的创伤长大，相当于带着罪恶在前行，骨子里是讨厌自己的，觉得自己一身带着腐臭味，也从此种下了害怕失败和羞辱的情绪种子，每当生活中有事情就会激活这种害怕和恐惧的情绪，生不如死。

小 K 后面坚持每周咨询，晚上十一二点能睡着了，容易醒，醒了过一会儿也能睡，吃饭没问题。小 K 说跟爸爸聊了很多，看到爸爸的人生很失败，家庭角色很失败，他有很多遗憾，但是没有去争取，很懒，在生活中把过错都归结于妈妈。他看到的人生都不美好，觉得自己 20 年后也会没什么变化，很悲观绝望。意识到自己不敢犯错，犯错就有强烈的挫败感，有很多犯错的创伤记忆，就是亲戚的指责和羞辱。小 K 还提到，学校很压抑，觉得军训很严，有危在旦夕的感觉。

（咨询片段 2）

小K：从小就畏惧一种情绪，一种感觉。

咨询师：那是什么样的感觉？

小K：就是此时此刻有一种失落的情绪，想逃也逃不了，很害怕。

咨询师：在学校害怕什么？

小K：就是畏惧爸爸情绪的发泄，畏惧不讲道理，没有规矩的人。

分析：小K对爸爸的畏惧泛化到生活中了，明显对军训的气氛感到有相似的恐惧和害怕，感觉是孩童时代的创伤再现，无处可逃。

小K讲到谈过三四段恋爱，都是女生主动想跟小K建立恋爱关系，小K也就被动进入一段感情，但是如果有一段感情，其他感情也会进来，不知道怎么拒绝，看到别人难受，自己就难受，然后就卷入这些感情都不了了之，不想玩了，就玩消失。有自己动心的，但不敢迈出去，害怕失败。只有这次的女朋友，是自己动心的，对方又多次主动表达，所以才开始真正的恋爱。谈到有一次生日，有200个人送他礼物，基本是异性，送的都是娃娃、卡片、蛋糕什么的，现在都保留着。

（咨询片段3）

咨询师：这么多人给你过生日，你怎么这么有魅力啊！

小K：我对他们好，有困难都会陪伴。

咨询师：这么多，你怎么应付得过来，你不累吗？

小K：我愿意伤害自己帮助别人。

咨询师：想想这样做有什么意义。

小K：有存在感吧，需要这么做才不空虚。

（咨询片段4）

咨询师：一开学，你情绪的张力很大，面对情感如此恐惧。

小K：嗯，害怕谈，一谈情绪就很混乱。

咨询师：你在害怕什么？

小K：害怕失败，害怕羞辱。

咨询师：嗯，恋爱就有50%失败的概率，谁会羞辱你？

小K：我的家族不允许失败，女朋友的熟人会羞辱我。

咨询师：她们怎么会羞辱你？

小K：她们是恶的人，自私，为了奖学金什么坑蒙手段都使得出来。

咨询师：哦，她们跟爸爸以及他家族的人很像？让你害怕，无法掌控？

小 K：嗯，我也知道失败是正常的，不是每件事都能成功，但还是畏惧失败。

分析：小 K 的内心如此恐惧和虚无，可以想见当时的创伤有多大，以至于一个生日 200 份礼物和祝福才能拼凑完整的他，他才能感觉到活着的意义和存在的感觉，常人无法想象，只有唏嘘。恋爱的人生课题也没法顺利进行，因为害怕失败和羞辱，他已经受够了，为了不失败，宁愿不谈，一直处于被动，思维已经固化。

小 K 分手后请假一周在宿舍度过，情绪稳定，躲起来稍微有点安全感。认为出去女生就会跑过来羞辱他。反复问咨询师，女朋友喜欢他怎么还会离开他。就这个问题与他做了很长的澄清。这与小 K 的边界有关，他讲到他过生日，有 200 个人礼物，大部分是异性，认为他的异性缘是因为小 K 理解她们的孤独，会认真听她们的倾诉，从小学他就有这样的吸引力。这次谈到很喜欢女生的头发，很迷恋女生的温柔，常常会想起骑自行车坐在妈妈后面头发飘过来的那种感觉，与男生之间也很喜欢肢体的接触，比如摸一下头，揽一下肩。

（咨询片段 5）

咨询师：你喜欢身体触碰，喜欢女生的头发，喜欢妈妈的头发，这些带给你的感受是什么？

小 K：后面的那些喜欢包括对脆香米（巧克力）一直的喜欢，洗发水一直只用一个牌子，本质上都是对妈妈的眷念。

咨询师：嗯，在这个家估计只剩下妈妈有点温暖。

小 K：没有妈妈的温暖，是对一种念想中的妈妈的温暖的眷念，并不存在这样的妈妈，我所眷念的其实是我自己想象中的妈妈。

分析：小 K 对温柔妈妈的渴望成了执念，包括后来泛化到异性，也有男性，这种从小缺少的亲情抚摸和刺激成了后来他口中的病态。同时他的这种孤独让他特别能体贴和关心别人，成了他有魅力的撒手锏，也成了男女关系中的绊脚石，人生太难了。

小 K 谈到不想碰内心的东西，想来咨询，又害怕来，理智又要求自己来。谈到觉得自己是一具腐臭的尸体，睡眠质量差，会醒两三次，有点反胃，没有归属感，有剥离感。谈到同龄人幼稚，自己不想当傻瓜（不当小孩，小时候太可怕），但喜欢幼稚的人当他的朋友，认为跟精的打交道太累了。

（咨询片段 6）

咨询师：你在害怕什么？

小 K：他们太精，太势利，会坏，会说谎。害怕别人害我，他们都不纯粹。

咨询师：那纯粹的是怎样的？

小 K：王小波那样的。

咨询师：你可以做到？

小 K：做不到，一方面我纯粹地对人好，另一方面，又不能信任别人，很敏感。

咨询师：嗯，感觉两股力量的对抗让你很难受。纯粹背后是什么？不信任的背后是什么？

小 K：纯粹是想获得存在感，不想空虚。不信任是害怕被伤害。

分析：小 J 把身边的同学都想象成他们家族的亲戚，确切地说是害怕小时候的害怕，内心一直是个小孩，就没有好好长大过。一方面害怕他们羞辱他，一方面害怕他们不纯粹，他从小的经历就是这两样有毒的东西害得他抬不起头。实际上，他已经长大，身边的人也发生变化，一切都是不同的环境，可是害怕的情绪就像影子一样跟随，挥之不去。

小 K 认同外婆外公，外婆很善良，所以小 K 纯粹，对别人好。能感同身受别人的痛苦难受，所以很愿意帮助别人，别人很依赖他。异性关系没有边界，迷恋身体接触和对异性的依恋，但不敢真正突破人际的身体边界，害怕被人发现自己的病态迷恋。父亲的角色失败、情绪化和母亲的自私欺骗让他有无力感。众亲戚的羞辱让他有强烈的挫败感。超我很强大，愿意伤害自己去帮助人，本我比较扭曲，通过比较病态的方式获得满足。自我现实功能受损，在超我和本我的混合双打下情绪容易波动。

（咨询片段 7）

咨询师：有很久没有来了，是害怕什么？

小 K：即使别人做得很好了，我还是想逃，是自己的问题，我现在有时候会强迫自己说出来这些东西。

咨询师：嗯，跟我说也是强迫的感觉？

小K：对，因为是第一次说出来，因为太涉及本质了，总会有种下一秒会被伤害的感觉，不过在后面的咨询中我感觉到了安全。

咨询师：是什么东西让你感觉安全？

小K：是因为发现不会透露出去，也终于真的有人可以理解我这种古怪复杂肮脏的思维。

咨询师：嗯，不肮脏，但复杂。因为你害怕，不停地加保护膜，就像上街买油条，因为怕油，所以包了纸又再套层袋子的感觉，比较喜欢装。

小K：是这样子的，极度不愿意让人发现自己。因为觉得别人知道了自己的内心就不喜欢自己了。

咨询师：所以你的纯粹，你的异性缘，你的义气，你的好，都是在保护内在自己不被暴露，转移他人的目光，哪怕自己再累。

小K：为了抑制自己的恶，显示出自己的善。

咨询师：嗯，是什么让你觉得自己有恶？

小K：父亲给了我暴力，母亲教会欺诈，家族教会贪婪，我认为我有这三种原始的恶，害怕它们冒出来。

分析：小J有领悟力，进行到这个阶段，他基本上明白了是自己的问题，总有一种恐惧和害怕的情绪控制着自己，并且用善良去对抗这种恐惧，并且认同佛，这样貌似给了自己很多的安全感，但是，这样的无条件，没有边界的好，又带来新的亲密关系的问题，普通人不太能理解这些心理动力下的行为，还要继续成长。

小K，一个正在读大三的年轻人，他的生日收到了许多礼物，但这些礼物并没有给他带来预期的喜悦和满足。相反，他的心中充满了困惑和痛苦。他的生活经历充满了挫折和磨难，父母的离异、情感的波折，以及成长过程中的种种困境，都让他背负了沉重的情绪包袱。你可能会想，为什么有些人即使生活优裕，内心却依然感到空虚和不安？为什么有些人即使在困境中，也能保持乐观和坚韧？这背后的原因，其实就是我们今天要探讨的主题——情绪。

正如生活，就像一部过山车一样，充满了起起落落的刺激与未知。我们在其中体验着各种各样的情绪，它们就像过山车上的每一个弯道，有时让我们兴奋不已，有时又让我们感到惊恐万分。但是，你是否曾经想过，这些情绪是如何产生的？我们能否像掌控过山车一样，去调控自己的情绪呢？

想象一下，你正站在一个巨大的生日蛋糕前，周围围满了亲朋好友，他们纷纷向你送来祝福和礼物。这一刻，你感到无比快乐和满足。然而，突然之间，所有的礼物和祝福都消失了，取而代之的是一片寂静和孤独。这时，你的内心又会经历怎样的变化呢？

为了更好地把握情绪的本质，我们将首先探索一些引人入胜的实验案例。恒河猴依恋情绪实验和小阿尔伯特实验等经典研究，不仅展示了心理学家如何深入探索情绪的奥秘，更让我们直观地感受到情绪如何深刻影响我们的身心。这些实验不仅具有学术价值，更对我们的日常生活有着深刻的启示。

除了这些实验之外，我们还可以在日常生活中通过观察他人的情绪来增强自己的情绪感知能力。比如，当你看到一个人因为喜悦而手舞足蹈时，你可以试着去感受他内心的快乐；当你看到一个人因为悲伤而泪流满面时，你也可以试着去理解他内心的痛苦。通过这样的练习，我们可以逐渐提高自己的情绪敏感度，让自己成为一个更加善于理解和关心他人的人。

这就是情绪的魔力所在。它可以让我们在瞬间内体验到天堂和地狱的差别，让我们在欢笑与泪水之间摇摆不定。但是，如果我们能够了解情绪产生的机制，学会如何调控自己的情绪，那么我们就能够更好地应对生活中的种种挑战，让自己的生活变得更加美好和充实。

此外，我们还可以通过一些简单的方法来调控自己的情绪。比如，当你感到愤怒时，你可以试着进行深呼吸或进行一些放松训练来平复自己的情绪；当你感到焦虑时，你可以试着转移注意力或进行一些冥想练习来放松自己的心灵。这些方法虽然简单，却非常有效，能够帮助我们在关键时刻保持冷静和理智。

总之，情绪是我们生活中不可或缺的一部分。它让我们体验到生活的丰富多彩，也让我们在面对挑战时变得更加坚强和勇敢。通过了解情绪产生的机制、学会调控自己的情绪以及提高自己的情绪感知能力，做情绪的主人，我们可以更好地应对生活中的种种挑战，让自己的生活变得更加美好和充实。

接下来，我们将一起探讨情绪的奥秘，了解如何更好地管理和运用自己的情绪。希望你在阅读这本书的过程中能够有所收获，让自己的生活变得更加精彩和有意义。

一、情绪的力量：从经典实验看育人中的情绪管理与引导

（一）恒河猴依恋情绪实验与育人情感的深度剖析

情绪，作为以主体愿望和需要为中介的心理活动，深刻影响着我们的日常体验与行为决策。在教育的广阔天地里，情绪的力量尤为显著，它不仅是学生感受生活、理解世界的钥匙，更是教师引导成长、塑造人格的桥梁。恒河猴依恋实验，以其独特的视角，为我们揭示了情绪在育人过程中的重要性，尤其是接触安慰与依恋情感对于个体成长的关键作用。

依恋情绪产生是因为一个客体能很好地满足另一个客体的需要而产生的。依恋的情感是与生俱来的。实验者制作了两只非生命体的母猴，其中木制母猴有绒布包裹，有舒适温暖的触感，能够提供接触安慰，而铁丝母猴虽然带有食物但是接通了电源，一旦接触就会产生疼痛的感受；把两只人造母猴分别放在两个单独的房间里。把八只幼猴随机分成两组，一组由木制母猴喂养，另一组由铁丝母猴喂养。在喂养时间以外，幼猴可以自由地与两只母猴接触，在铁丝母猴身上，小猴子会习得温饱但痛苦，在木制母猴身上，小猴子会习得饥饿但幸福。除此之外，为了研究幼子寻求母亲庇护现象，实验者刻意地创造了某些恐惧或不熟悉情景；为了探讨幼猴与代理母猴之间的依恋关系是否在它们分开一段时间后还能保持，当幼猴长到六个月能够吃固体食物时，便让它们与"母亲"分开一段时间，然后再在相同环境中团聚。

结果表明：幼猴偏爱有绒布包裹的木制母猴；幼猴会向木制母猴寻求安慰和保护；当幼猴们在相同的环境中再一次与木制母猴重逢时，它们冲向母猴，紧紧抓住它，与它玩耍，并且不再像以前那样，离开母猴去探索和玩耍房间的其他物品。当幼猴遭遇恐惧或陌生情境时，它们会本能地寻

求木制母猴的庇护，这种依恋情感超越了基本的生理需求，成为幼猴心灵的避风港。接触安慰对幼猴与母猴间依恋关系的发展具有极其重要的作用，它产生的依恋情感是独立于饥饿和干渴这些基本需要之外的。

恒河猴依恋情绪实验给予我们的育人启示：

1. 情感关怀的不可替代性

在教育过程中，教师应成为学生情感的依托，通过真诚的关怀、耐心的倾听和积极的反馈，建立起基于信任的师生关系。这种情感上的联结，能够让学生感受到被重视和被理解，从而激发其内在的学习动力和自我成长的欲望。

2. 接触安慰的积极影响

实验表明，接触安慰对于幼猴依恋关系的发展至关重要。同样，在教育实践中，教师应给予学生足够的身体接触（如拥抱、握手等）和情感支持，让学生感受到温暖和安全感。这种非言语的沟通方式，往往能够更有效地传递教师的关爱与鼓励，促进学生的心理健康发展。

3. 依恋情感的长期效应

实验还揭示了依恋情感在分离与重聚后的持续影响力。对于学生而言，与教师建立的深厚情感依恋，能够在他们遇到困难和挑战时提供强大的心理支持，帮助他们勇敢地面对并克服各种障碍。因此，教师应注重培养与学生之间的长期、稳定的情感联系，为学生的终身发展奠定坚实的基础。

综上所述，恒河猴依恋实验不仅为我们揭示了情绪在个体成长中的重要作用，更为教育工作者提供了宝贵的启示：在育人的道路上，我们应始终关注学生的情感需求，以情感为纽带，以关爱为桥梁，引导学生健康成长，成就美好未来。

（二）小阿尔伯特实验与心理育人的启示

情绪是与生俱来的，当我们还是婴儿的时候就已经可以利用情绪来表达自己的需求，但有些情绪并不会在一出生就有所表现，关于情绪是先天就有的，还是后天习得的，这一观点，不同学派的心理学家有不同的见解，其中最为著名的还数行为主义学家。行为主义学者认为，人的行为都是可以通过后天习得的。而在探索情绪起源的奥秘中，小阿尔伯特实验如同一面镜子，映照出情绪学习与塑造的力量。华生与雷纳的这项经典研究，不仅揭示了情绪可通过条件作用形成，更深刻启示我们：心理育人需关注情绪教育，引导个体以健康方式理解并应对情绪。

美国行为主义心理学家约翰·华生（John Broadus Watson）和他的学生罗莎莉·雷纳（Rosalie Rayner）在 20 世纪 20 年代进行了一系列实验。实验的目的是研究人类恐惧反应的条件性形成和维持机制。这个实验的对象是一名 9 个月大的孤儿，名叫小阿尔伯特。在实验开始时，小阿尔伯特对实验者展示的各种物品，如大白鼠、兔子、狗和棉毛织物等，都表现出浓厚的兴趣，并没有表现出任何恐惧或害怕的情绪。

然后，实验者开始在小阿尔伯特接触这些物品时制造巨大的噪声，如用锤子敲击铁棒。这种噪声对小阿尔伯特来说是非常恐怖的，他对此产生了强烈的恐惧反应。在重复多次这样的过程后，小阿尔伯特开始对与噪声一同出现的物品产生恐惧，即使在没有噪声的情况下，仅仅呈现这些物品，他也会表现出恐惧和害怕的情绪。

这个实验证明了情绪可以通过条件作用而产生，即使这种情绪与实际的危险无关。小阿尔伯特原本对大白鼠等物品并无恐惧，但由于条件作用，他学会了对这些物品产生恐惧。这种恐惧情绪影响了他的行为，使他在面对这些物品时表现出害怕和回避的行为。

小阿尔伯特实验表明情绪可以通过学习和经验来塑造。人们可以通过条件作用来习得恐惧、焦虑等情绪，这些情绪可能会影响他们的行为和决策。想象一下，小阿尔伯特对世界的初次探索充满了好奇与无畏，却因外界不当的干预，学会了对无害之物产生恐惧。这不禁让我们反思，在成长的道路上，如何避免类似"噪声"的负面刺激，为孩子营造一个积极、安全的情感环境？心理育人，便是要教会孩子们识别情绪、管理情绪，让他们在面对生活中的"噪声"时，能够保持内心的宁静与勇气。

通过情绪教育，我们可以帮助孩子们建立情绪调节的机制，学会用积极的方式应对挑战与压力。这不仅是个人成长的必修课，更是构建和谐社会的基石。当每个人都能成为自己情绪的主人，就能更好地传递正能量，减少"踢猫效应"的发生，让爱与理解在人与人之间流淌。

（三）踢猫效应与心理育人的应对策略

踢猫效应，这一生动的心理现象，揭示了负面情绪传播的连锁反应及其潜在危害。它提醒我们，在心理育人的过程中，必须重视情绪管理能力的培养，尤其是如何有效释放与转化负面情绪。

一位父亲在工作岗位上受到了老板的批评，回到家就把玩完玩具到处丢的孩子臭骂了一顿。孩子心里窝火，狠狠去踢在他房间门口躺着睡觉的猫。猫受到惊吓跑到街上，正好一辆卡车开过来，司机赶紧避让，结果把路边的孩子撞伤了。①

美国洛杉矶大学医学院心理学家加利·斯梅尔（Gary Smile）做过一个心理学实验。他让一个笑容满面、开朗乐观的人与一个愁眉苦脸、抑郁难解的人同处一室，并观察两人的情绪变化。结果，不到半个小时，这个笑容满面的人就变得愁眉苦脸起来。斯梅尔随后还做了一系列验证，进一步证明：人的不良情绪会在不知不觉中传染给别人，最长不超过 20 分钟。也就是说，当你的身边出现一个浑身都是负能量的人时，你接收到的都是负面信息。哪怕你自己再积极向上，也会不断被消耗。实验描绘的是一种典型的负面情绪的传染。人的不满情绪和糟糕心情，一般会沿着等级和强弱组成的社会关系链条依次传递。由金字塔尖一直扩散到最底层，无处发泄的最弱小的那一个元素，则成为最终的受害者。其实，这是一种心理疾病的传染。

既然情绪有传染的性质，我们为什么不能把正面情绪带给我们身边重要的人，把负面情绪合理释放呢？在现实的生活里，我们很容易发现，许多人在受到批评之后，不是冷静下来想想自己为什么会受批评，而是心里面很不舒服，总想找人发泄心中的怨气。其实这是一种没有接受批评、没有正确地认识自己的错误的一种表现。受到批评，心情不好这可以理解。但批评之后产生了"踢猫效应"，这不仅于事无补，反而容易激发更大的矛盾。总的来看，踢猫效应并不是一个情绪宣泄的好方法，它虽然能够在短时间内宣泄掉负面情绪，但是长远来看，踢猫效应确实会造成非常恶劣的社会影响。

面对批评与挫折，我们应鼓励个体采取积极的应对策略，如自我反思、寻求支持、情绪表达等，而非简单地将负面情绪转嫁给他人。心理育人旨

① 张杰. 踢猫效应 [J]. 初中生必读，2023（11）：15－16.

在培养个体的情绪智慧，使其能够识别并理解自己的情绪，同时以建设性的方式表达与处理情绪。

此外，营造一个包容、理解的社会氛围同样重要。当社会成员能够相互支持、共同面对挑战时，负面情绪的传染链将被有效阻断，取而代之的是正能量的传递与扩散。心理育人不仅是个人成长的需要，更是社会和谐发展的必然要求。

综上所述，心理育人应紧密围绕情绪教育展开，通过培养个体的情绪识别、管理、表达与调节能力，促进其全面发展与健康成长。同时，积极构建支持性社会环境，为个体提供必要的心理支持与资源，共同抵御负面情绪的影响，共创美好未来。

二、七情六欲的生活

当我们的心灵遭遇情感的涟漪，它们是如何在我们的脑海中舞动、交织，影响我们的生活呢？《头脑特工队》是一部以情绪为主题的电影，它为我们揭示了这一神秘而又迷人的过程。影片中的小女孩莱莉，她的喜怒哀乐、恐惧与厌恶，都由五位性格鲜明的情绪特工精心呵护。由于她的父亲工作变动，全家从明尼苏达州搬到旧金山。莱莉的大脑中住着五个代表不同情感的小人：乐乐、忧忧、怕怕、厌厌和怒怒。这些情绪小人在大脑总部控制着莱莉的情绪和行为，同时也负责保存和管理她的记忆。这部电影以独特的视角，为我们揭示了情绪在生活中的多重功能。接下来，我们将有机会逐一探讨这些功能与生活的关系。

想象一下，在你的脑海中也有这样一群小特工，他们时刻准备着，应对生活中的每一个情感波动。当你开心时，乐乐会点亮你的生活，让你感受到无尽的喜悦；而当你悲伤时，忧忧会轻轻走来，为你抚平心灵的创伤。他们是你情感的守护者，也是你生活的调色师。

（一）塑造生活与关系

在电影中，莱莉的五种主要情绪帮助她适应不同的生活环境和情境。例如，当莱莉进入新的学校，面对新的同学和环境时，乐乐鼓励她保持积极态度，与新环境融合；而忧忧则让她能够感受和处理悲伤，从而更好地适应失去的事物。在我们的日常生活中，情绪同样帮助我们适应各种环境变化。当我们面对困难时，积极情绪可以激励我们寻找解决办法；而消极情绪则提醒我们注意问题，并促使我们寻找支持。

情绪，就像是我们生活中的调色板，给我们的生活增添了丰富的色彩。它是我们适应和生存的重要工具，帮助我们在不同的环境和情境中灵活应对，像是一个敏锐的雷达，时刻对外界的刺激做出反应，守护我们的心灵不受伤害。

想象一下，一个刚刚降临到这个世界的婴儿，他的第一声啼哭是多么有力。这不仅仅是因为他离开了那个熟悉、温暖的环境，更是因为他感知到了一个全新的、陌生的世界。他的哭声，就像是一种呼唤，让母亲能够快速地找到他，给予他安慰和温暖。而当婴儿接触到母亲的皮肤时，那熟悉的体温和味道，就像是一股暖流，瞬间让婴儿感到安全，哭声也随之停止。

情绪的力量还远不止于此。它像是一个巧妙的指挥家，调节着人与人之间的关系。想象一下，当你对他人造成了伤害，那种罪恶感就像是一道警钟，提醒你重新审视自己的行为，重建与他人的平等关系。而羞怯感，则让你更加关注自己的行为是否与社会的习俗和规范相符，促使你与社会保持一致。

同情感、好恶感、责任感等情绪，它们都在默默地构建和维系着我们的社会关系。它们不仅增强了群体的凝聚力，还提高了我们个体的社会适应能力。就像是一个大家庭中的黏合剂，让每一个成员都能够紧密地联系在一起，共同面对生活中的挑战和困难。

所以，情绪是我们生活中不可或缺的一部分。它让我们更加敏感地感知外界的变化，更加灵活地应对各种情境，也让我们更加深入地理解和体验生活的美好和复杂。让我们珍惜并善待自己的情绪，让它们成为我们生活中最宝贵的财富。

（二）驱动行动与激发潜能

情绪是推动莱莉行动的重要驱动力。例如，当莱莉感到愤怒时，她会更有决心去改变某种不公正的情况；当她感到快乐时，她会更有动力去追求新的体验和活动。在我们的生活中，情绪同样具有动机作用。它可以驱动我们的行为和目标，激发我们去追求所想要的。

想象一下，你站在陡峭的山脚下，仰望着那高耸入云的山峰，内心充满了征服的欲望。这种征服的欲望，正是情绪动机功能的体现。它像一团熊熊燃烧的火焰，在你的内心不断燃烧，激发着你向前冲刺的动力。你开始踏上征程，每一步都充满了坚定和决心。虽然途中会遇到各种困难和挑战，但那种征服的欲望始终支撑着你，让你不断前行，直至登上山顶，俯瞰山下那美丽的风景。

当你对某个领域充满热情时，情绪动机功能就像是一个无尽的能量源泉，推动你不断探索和学习。你仿佛被一股神秘的力量所吸引，全身心地投入到那个领域中去。你开始阅读相关的书籍、观看教学视频、参加培训课程，甚至与同行交流分享。在这个过程中，你会遇到许多挑战和困难，但那种对知识的渴望和对成功的追求始终支撑着你，让你不断前行，直至成为那个领域的专家。

情绪可以激发人们采取相应的行动，比如愤怒可以促使人们采取行动来解决问题，恐惧可以促使人们保护自己。经过许多学者大量研究表明，当出现紧急情况时，消极的情绪（如愤怒和恐惧）能够唤起大脑的警觉水平；积极的情绪（如高兴），能使一个人的感觉、知觉变得敏锐、记忆获得增强、思维更加灵活，有助于一个人内在潜能的充分展示。情绪本身也是重要的动机系统的基本要素，激励我们行动，提高效率。情绪的唤醒水平和绩效之间有一个倒"U"形曲线，联想到下围棋，围棋的精髓就是紧张。紧张某种程度上就是对身心的唤醒、兴奋，是人的一种高级情感需要，所以江湖有"棋逢对手，孤独求败"这种说法。

（三）促进生活的和谐与效率

莱莉的五种情绪相互协作，共同维持她的心理健康。例如，当乐乐和忧忧被吸入记忆仓库时，其他情绪必须共同努力，维持莱莉的正常生活。在我们的生活中，情绪同样具有组织作用。积极情绪可以促进我们的认知加工和行为反应，提高我们的注意力和创造力；而消极情绪则可能干扰我们的思维和行为，导致注意力分散或决策失误。因此，我们需要学会管理和调节自己的情绪，以保持最佳的心理状态。

想象一下，你正站在一家时尚精品店的门口，犹豫着要不要进去逛逛。

这时，你的情绪就像是一位贴心的顾问，开始为你权衡利弊。它轻轻告诉你"那件粉色的连衣裙真的很适合你，穿上它你会感觉自己像公主一样"或者"那双运动鞋虽然价格不菲，但考虑到它的舒适度和耐穿性，也是个不错的选择"。在这样的情绪指引下，你更有可能做出符合自己内心需求和价值观的决策，挑选到那件让自己心动的商品。

又比如，当你对某个活动或项目充满热情时，情绪就像是一位充满活力的伙伴，不断激发你的潜能。它会鼓励你"加油，你一定可以完成这个任务的！"或者"相信自己，你一定能在这次比赛中取得好成绩"。在情绪的推动下，你会更加努力地投入其中，克服困难和挑战，最终取得成功。不同的正、负面情绪对认知操作起着不同的作用，正面情绪比负面情绪对认知操作有更大的促进作用，表现为采用的操作策略更有效，较少等待和停顿，完成作业迅速。在操作的整体结果和各种操作策略之间均有显著性差异。在正面情绪作用下，我们认知活动的效果越好，在消极情绪作用下则相反。

在社交互动中，情绪的作用同样不可忽视。想象一下，当你走进一个聚会场合，感到愉快和放松时，你的情绪就像是一位魅力四溢的魔法师，能够迅速吸引他人的注意。你的笑容和轻松的氛围会让他人感到舒适和愉悦，从而更容易与你建立和谐的关系。相反，如果你感到愤怒或紧张，情绪可能会让你变得易怒和焦虑，影响你与他人的交往效果。

情绪在资源调配方面也发挥着重要作用。当你面临压力和挑战时，情绪就像是一位智慧的指挥家，帮助你有效地调配身体和心理资源。比如，当你感到紧张时，身体会自动分泌应激激素，提高警觉性和反应速度，以应对潜在的威胁。这种情绪的组织作用让你能够迅速适应不同的生活情境，应对各种挑战。

情绪—认知关系的早期研究耶克斯-多德森规律表达的倒"U"形曲线是以一般唤醒水平的高低为自变量考查其对作业操作的效果的。正面情绪和认知操作之间呈现耶克斯-多德森的倒"U"形曲线相关，而负面情绪则呈现为直线相关。说明过高和过低的正面情绪，如快乐，都不如中强水平能使操作达到最优效果。而负面情绪的痛苦、惧怕，则随强度上升而操作效果下降。① 例如当老师要求学生要背诵完一篇古诗词才能回家的时候，一部分同学因为喜欢古诗词，并且在背诵的过程中老师还细心给出意见和指导，感到心情愉悦，背书这件事便很快就完成了，而另一部分同学因为语文成绩不好，背诵了几次效果都不好，便心灰意冷，自暴自弃，导致怎么也背不下来。还例如，这次数学考试考得好，我很开心，改变了自己学不好数学的想法，认为自己是可以学好数学的，只要继续努力就行，这样积极的情绪和情感具有调节和组织的作用。相反，如果数学没考好，我很难过，就产生了自己学不好数学的想法，这样消极的情绪情感就具有干扰和破坏的作用。

（四）沟通桥梁与人际关系的纽带

在电影中，情绪是莱莉与他人沟通的重要桥梁。例如，当莱莉感到开心时，她会向他人传递积极的情绪，促进社交互动；而当她感到悲伤时，她也会得到他人的关心和支持。在我们的生活中，情绪同样具有社会功能。它可以帮助我们与他人建立联系和沟通，表达我们的感受和需求。同时，情绪也可以影响我们的社交行为和决策，例如在团队合作中保持积极情绪可以促进团队凝聚力和效率。

请试想一下，在一个热闹的聚会上，大家围坐在一起，欢声笑语不断。这时，一个人的情绪就像是一块磁石，能够吸引周围人的注意和共鸣。当你感到快乐和兴奋时，你的情绪会传递出去，感染到周围的人，让他们也感受到你的喜悦和激动。这种情绪的传递和共鸣，不仅能够增强人们之间的情感联系，还能够营造出一个温馨、和谐的氛围。

再试想一下，在一个团队项目中，成员们面临着各种挑战和困难。这时，情绪的社会功能就像是黏合剂，能够将大家团结在一起，共同面对困难。当你感到沮丧或失落时，团队成员们的支持和鼓励就像是一股暖流，能够温暖你的心灵，让你重新振作起来。而当团队取得成功时，大家的喜悦则像是庆祝的烟花，绽放出最灿烂的光芒。

情绪的社会功能还体现在我们日常生活中的许多细节中。比如，在公

---

① 孟昭兰. 情绪的组织功能［C］//中国心理学会. 全国第六届心理学学术会议文摘选集. 北京大学，1987：2.

交车上，一个善意的微笑或让座行为，能够传递出温暖和关爱，让乘客们感受到社会的温暖和和谐。在超市里，一个耐心的店员或是一个热心的志愿者，能够用他们的情绪感染到顾客，让顾客感受到购物的愉悦和舒适。

情绪的社会功能在我们的日常生活中发挥着重要的作用。它像是一种无声的语言，传递着人们的情感和态度，让社会变得更加温暖、和谐。因此，我们应该学会善于表达自己的情绪，用它来传递正能量、建立和谐的人际关系，让我们的生活更加美好。

三、情绪与生活

情绪价值在生活中起着至关重要的作用，它不仅影响学业成就，还与心理健康和幸福感紧密相关。

一方面，积极的情绪可以促进情感发展、学习动机、社交能力、自信心和自我效能感等；另一方面，可以帮助我们更好保持乐观和积极的心态。同时，积极的情绪还有助于我们与他人维持更良好的关系，获得更多的支持和关爱。

（一）情绪与教育

我们的情绪与教育有着千丝万缕的联系。

情绪价值高的教育环境有助于学生情感的健康发展。教师通过情感教育，可以帮助学生理解和管理自己的情绪，这对于他们的情绪智力发展至关重要。

情绪价值高的教师能够激发学生的学习兴趣和动机，使学生在学习过程中感到愉悦和满足，从而提高学习效率和成绩。还能够激发学生的学习兴趣和动机，使学生在学习过程中感到愉悦和满足，从而提高学习效率和成绩。

情感教育还包括培养学生体验他人情绪、控制和表达自身情绪的能力，这有助于学生建立和维护良好的人际关系。当学生在情绪上得到支持和肯定时，他们更有可能相信自己的能力，从而增强自信心和自我效能感。

我们应当减少负面情绪的影响，良好的情绪价值可以帮助学生应对压力和挑战，减少焦虑、抑郁等负面情绪的影响，促进心理健康。如果长期生闷气，会让你的情绪压抑，那种内心憋闷的感觉，就像一团无法散去的乌云，长时间笼罩在心头。久而久之，会让我们产生消极情绪。

恐惧，也是一种常见的负面情绪。当我们面对无法处理或摆脱的危险情境时，恐惧感就会油然而生。长时间的恐惧和不安，不仅会影响我们的心理健康，还会加速身体的衰老和死亡速度。

孤独，同样是一种需要我们警惕的情绪。长时间孤独的人，他们的情绪不易排解，更容易受到外界的刺激。他们的血压往往比普通人高，也更容易衰老。孤独，就像是悄然而至的死神，慢慢侵蚀着他们的身心健康。

各种情绪状态都会引起身体内分泌系统的变化，导致激素水平的波动。比如，紧张和焦虑会导致肾上腺素的分泌增加，心率加快，血压升高，这对身体的健康产生负面影响。而积极的情绪如喜悦和幸福则会释放多巴胺和内啡肽等愉悦激素，有助于缓解压力、提升免疫系统的功能。因此，良好的情绪状态有助于维持身体健康。

美国生理学家艾尔玛的实验研究：将人在不同情绪状态下呼出的气体收集在玻璃试管中，冷却后变成水，发现在心平气和状态下呼出的气体冷却成水后，水是清澈透明的。在悲伤状态下呼出的气体冷却成水后，水中有白色沉淀。在愤怒生气状态下呼出的气体冷却成水后，将其注射到大白鼠身上，几分钟后，大白鼠死亡。

因此，我们应该时刻关注自己的情绪变化，学会调节和管理。当感到不适时，及时寻求帮助和支持。只有这样，我们才能真正实现身心健康，远离那些由不良情绪引发的身体"灾难"。

（二）内在世界的情感表达

情感确实常常以多种方式在我们的生活中表达，这些方式既体现了我们内在情感与身体健康的紧密联系，也反映了我们处理情感的不同策略。

1. 情感的躯体化表达

以身体方式表达情感，就像一盏信号灯，告诉我们内心的状态。在我们生活中有很多情绪导致的躯体反应，有些快要高考的学生来咨询我，他们多多少少都会有躯体上的症状，比如说因为太在意考试成绩，而导致在试卷发下来的那一刻，有些人就会不自觉地呕吐，有些学生在体育考试跑长跑800米或1000米的时候总是会拉肚子，是由于太过于紧张，加上对长跑的恐惧而引发的。还有的学生因为极度在意自己的言行举止，不敢参加同学之间的活动，一想到类似要去交际的场景就会头痛。

2. 情绪的行为化表现

情绪通过各种行为方式来进行表达，常见的情绪表达方式包括表情、肢体语言和声音等。人类的面部表情是情绪表达最直观、最常见的方式之一。例如，笑脸可以表达快乐和满足的情绪，而皱眉则往往代表愤怒或不满。人们在情绪激动时，往往会通过身体的动作和姿势来表达内心的情感。例如，愤怒时会挥拳、跺脚，而悲伤时可能会低头垂泪。声音也是情绪表达的一种形式。人们在不同情绪状态下，声音的音调、音量和语速都可能变化。例如，愤怒时的声音可能会变得尖锐而激动，而快乐时的声音则可能会变得明亮和欢快。情绪不稳定的人更容易产生不良的行为方式，如暴饮暴食、熬夜、抽烟、酗酒等。而情绪稳定的人则更容易养成良好的生活习惯，如定时作息、适量运动、均衡饮食等，这些习惯对于青少年全面发展有着积极的促进作用。

3. 象征性的情感表达

象征性的情感表达则像一扇通往内心深处的窗户。如果一个人一天的情绪都很低落有时候会通过梦境来体现，可能会做噩梦，梦里的情绪通常都是显而易见的，因为它会比白天的情绪强烈百倍。人在做梦的时候，感受也是十分细腻的，每一帧，都有每一帧的穿透性。每一个情绪的背后，都有一个需求在表达。看见需求，就会令我们离自己更近。

在绘画疗法当中，我们常常可以通过画作的色调，物体的紧密程度还有物品来表达当事人当时的一种情绪状态。我曾经见过一个将自己封闭起来的孩子，他不与任何人说话，似乎丧失了语言功能，只能通过绘画来评估他的状态，他在画作上运用了大量的黑灰色和深蓝色，所有物体都紧凑地堆积在一起，体现了他内心的挣扎和痛苦。

4. 言语化的情感表达

通过语言表达自己的情绪情感。

可见，情绪的表达对我们的健康至关重要，采取适当的方法释放内心的情绪情感，勇敢地面对自己的情绪，这样我们才能更好地照顾自己的内心世界，让身心得以共同成长。

四、情绪平衡的"跷跷板"

情绪调节是指个体基于某种目的，通过改变情绪的强度、持续度和事件内容，对自身有何种情绪、何时产生以及如何体验和表达情绪的影响过程。

《黄帝内经》中说"志闲而少欲，心安而不惧……美其食，任其服，乐其俗"，"志"字，一是指向过去的记忆，俗话说好汉不提当年勇。二是指向未来的想法，俗话说今朝有酒今朝醉，也说过去过去，未来，可我们在芸芸众生中总看到有的人纠缠在过去，有的人沉迷在未来，唯独现在当下被撕得魂飞魄散，心如何安。

小林漫画调侃说一对夫妻再吵下去，十几个菜都炒完了，只剩下吵架了。这种调侃充满着生活智慧，当下普通人可不就是吃好喝好睡好就是最好的生活吗？看着满屏的美食乃是民间智慧啊，美其食，闻一闻、品一品享受美食是当下的幸福，多少人食之无味，味同嚼蜡般苟且着。想想我们的人生有多少次，因为一时的情绪影响而错过很多美好的瞬间，如果我们能及时地调节，接纳自己的情绪，就可以将注意力放在生活中其他更美好的事情上。

生活给了我们消极情绪，创造积极情绪则是自己的事。种下积极情绪的种子，你就会收获欣欣向荣。情绪是高度个人化的，也就是说，你自己通向欣欣向荣的道路将是独一无二的。接下来，我们将深入剖析情绪调节的五个维度——生理调节、情绪体验调节、行为调节、认知调节和人际关系调节，并为每个维度提供具体的情绪调节策略。

（一）情绪调节五维度

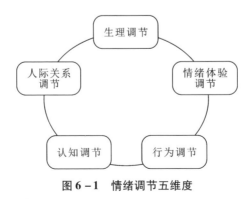

图6-1　情绪调节五维度

1. 生理调节

（1）调节注意

紧张某种程度上就是对身心的唤醒、兴奋，是人的一种高级情感需要，有没有发现，生活中很多事情都有类似需要，比如，上课十几年都在简单重复，对于某些人形同嚼蜡了无生趣，还比如，学生简单重复的学习就会厌倦，还比如，来碗文和友的凉粉就很美好，又比如，实体店很多隔一段时间要重新装修，最后比如，时装界隔一段时间要复古，每年要变着花样引领流行元素，从物质到精神，等等。

《黄帝内经》强调"神机之和"，即心神与形体的和谐统一。当心神处于安静、内守的状态时，人体的各个脏腑、经络都能保持协调运作，从而维持身体健康。而控制注意，正是实现心神内守、调和情志的重要手段。控制注意，即通过调节注意力的方向和强度，来影响情绪的产生和表达。在《黄帝内经》看来，情绪的产生往往与对外界事物的过度关注或不当关注有关。因此，通过控制注意，我们可以减少对外界不良信息的摄入，从而降低负面情绪的产生。例如，当我们遇到令人愤怒或焦虑的事情时，可以通过转移注意力来减轻情绪的影响。我们可以将注意力转移到其他事物上，如进行深呼吸、冥想、欣赏美景等，让负面情绪得到平复。同时，我们也可以通过培养正面的兴趣爱好、保持积极的心态等方式，来增强对积极信息的关注，从而提升情绪的质量。

（2）调节大脑

《黄帝内经》称"长而敦敏"，"敦"即身体厚实、皮实，"敏"就是心思敏捷，"敦敏"是人发展的最好状态，俗称心灵手巧。举目望去我们现代人全部精力都集中在争分夺秒学习，除了学习还是学习，要去哪里可以由车代行，高铁飞机高速发展，我们已经可以省去很多的身体锻炼的机会，上楼有电梯，卫生有家政，洗碗有洗碗机，洗衣有洗衣机，每天花大量的时间在打游戏和刷视频上面，年轻人家务都不干。四肢没有得到充分的锻炼，而训练四肢是训练我们的大脑，而大脑是掌管我们情绪的生理结构，长此以往我们的四肢没有得到充分的发展，我们大脑没有得到充分的发育，导致我们控制、调节情绪的能力下降。这时候我们情绪出问题了，我们的学习，我们的思考还会敏捷吗？俗称猪油蒙了心。抑郁的表现有"三低"

（情绪低落，思维迟缓，行为减退），看我们身边那些效率高，思路清晰的人，首先都是有一个壮实的身体作基础，再去发展其他的潜能。我们习武最先练的基本功站桩，就是要蹲，要下盘稳，才能达到出手灵活敏捷的状态。我认为有比学习更重要 100 倍的事。野蛮其体魄，才能文明其精神。运动让人舒服，运动让人情绪稳定，睡眠改善。

（3）调节肺部

我们可以通过正念来调节呼吸，通过正念把注意力集中在呼吸这个生理活动上，从而让我们切断除呼吸之外的其他感受。在日常生活中我们很难想象到肺和我们的情绪有什么关系，可能你平时生活中根本没关心它的作用。比如，我们做户外心理行为训练时，当站到那个 8 米的高柱子上，人和人的心理素质水平就立马见分晓，在平地上我们根本想象不到站在上面时的恐惧感，也感受不到那根柱子随着我们攀爬的高度的增加会有更大幅度的晃动，由于柱子的晃动，很多人开始真真切切感受到随时有可能掉下去的不确定感，随之而来的是因为害怕而产生的腿抖，这时候圆柱就跟着抖，有的人甚至吓哭，一动也不敢动地僵持在上面，有的能自己调节好稳定下来，然后鼓起勇气跃下来，顺利完成训练任务。

我要说的是害怕这种内在的体验，要怎么运用外力来调节呢？那就是肺，我们常常会使用深呼吸这个办法，深呼吸会降低因害怕迅速上升的心率，气血从心脏回到四肢，这时候心跳恢复平稳。如果是深呼吸对上面的人也没有用的，就用转移注意力，出题让其心算数学题，心率也很快降到正常值。我们在汶川地震时用到了更具操作性的 424 呼吸法（吸 4 秒，停 2 秒，呼 4 秒）来缓解情绪非常悲伤激动时的调节。

看到没，呼吸（肺）在心脏和意识之间架起了一座桥梁，肺是唯一既受心又受大脑意识控制的器官，但别的器官却没有这种能力，不信试试你能不能控制唾液分泌，这就表明肺起着非常重要的沟通作用，心（本能）和意（后天教化）是经常打架的，生活就是这么无奈，称心的不如意，如意的不称心，所以以后要祝福别人"称心如意"，而不是万事如意，心和意打架时，肺就是"维和警察"，比如孩童哭着喊着地上滚着要东西是动心，是本能喜欢，小孩毕竟还没发育完全，没办法用理性来调节情绪，只能转移注意力调节哭闹行为。

2. 情绪体验调节

情绪调节是人们面对不同情绪体验时所采取的一系列策略和方法。由于不同的情绪会引发不同的心理和行为反应，因此需要采取不同的策略来应对。

当人们感到愤怒时，他们通常会采取解决问题的策略。这是因为愤怒往往是因为遇到了一些不如意的事情，而解决问题可以让人感到掌控力和成就感，从而缓解愤怒情绪。例如，在工作中遇到难题时，人们可能会采取积极解决问题的策略，如寻求帮助、制订计划等，以消除愤怒情绪。

悲伤时，人们更倾向于求助帮助的策略。悲伤通常是因为失去了某些重要的东西，如亲人、工作等，这时候人们可能会感到无助和失落。通过向他人寻求帮助，人们可以得到情感上的支持和安慰，从而减轻悲伤情绪。例如，在失去亲人后，人们可能会寻求心理咨询或参加悼念活动，以缓解悲伤情绪。

在面对伤感时，人们通常会采取回避的策略。伤感通常是因为面对一些不愿意接受的事实或回忆，这时候人们可能会选择逃避或转移注意力，以避免伤感情绪的困扰。例如，在经历失恋后，人们可能会选择暂时避免与前任相关的场所或话题，以减轻伤感情绪。

此外，一些研究发现，忽视可以相对有效地降低厌恶感。厌恶感通常是因为面对一些令人不快的刺激或情境，如臭味、噪声等。通过忽视这些刺激，人们可以减少对它们的注意和反应，从而降低厌恶感。例如，在公共场合遇到不愉快的气味时，人们可能会选择忽略它，以减少厌恶感。

另外，抑制快乐表情的表现则可以降低快乐的感受。这是因为快乐表情的表现通常与内心的快乐感受相关联，抑制快乐表情的表现可能会让人们减少内心的快乐感受。然而，这种策略并不是一种健康的情绪调节方式，因为抑制情绪可能会导致情绪压抑和内心矛盾。因此，在面对快乐时，人们应该学会表达自己的感受，与他人分享喜悦和幸福。

情绪调节是一个复杂而重要的过程，需要采取不同的策略来应对不同的情绪体验。了解这些策略并学会灵活运用它们，可以帮助人们更好地管理自己的情绪，提高心理健康水平。

3. 行为调节

通过本章经典实验——小阿尔伯特实验，我们已经知道了行为主义学者的观点，即情绪是后天形成的。既然情绪是可以习得的，那么能否像其他行为一样，可以通过后天来消除呢？后续很多学者都做了一些相反的实验，同样证明了情绪也可以通过后天的努力来消除，衍生而来就是我们心理治疗当中常用的系统脱敏法和满灌疗法。

在我们的社会当中，有一部分的人由于在现实生活中受到了严重的创伤。例如，目睹一场严重车祸，从此以后看到车就产生了极度害怕的情绪，并且两腿一软直接瘫倒在地。这样的情绪严重影响了日常生活，我们就需要运用系统脱敏法来一步一步治疗异常的情绪。首先我们要学会如何放松，在看到车就极度恐惧的情况下，我们要调整自己的呼吸，以对抗由于心理应激而引起交感神经兴奋的紧张反应。其次将听到车，看到车，有一辆车在眼前等几种情况，按引起恐惧反应的程度进行分级排序。最后依次体验这几种情况直到不再产生严重的反应为止。

我们在日常生活中也可以通过简单的行为调节来改善自己的情绪。人们常常采取两种主要的行为调节方式来改善情绪：一种是抑制和掩盖不适当的表情，另一种是呈现适当的交流信号。

抑制和掩盖不适当的表情是一种常见的情绪调节策略。当我们面对尴尬、愤怒或悲伤等情绪时，我们可能会选择隐藏或控制自己的表情，以避免给他人带来不适或误解。例如，在公共场合，我们可能会努力保持镇定，不让自己的愤怒或焦虑情绪表现在脸上。这种策略有助于我们维护个人形象和社会和谐，但长期过度使用可能会导致情绪压抑和内心矛盾。

呈现适当的交流信号是另一种重要的情绪调节方式。动起来：当你感觉心情不佳时，不妨换上运动鞋，出门慢跑或快走。让汗水带走你的烦恼，感受身体释放出的愉悦激素。画一画：如果你感到愤怒或烦躁，试着拿起画笔和颜料，涂鸦一番。把你的情绪转化为色彩斑斓的图画，让它们跃然纸上。你可以画一幅愤怒的火山爆发图，或者画一片宁静的森林，让心灵得到释放和安宁。喊上朋友：当你感到孤独或无聊时，给好友打个电话，约他们一起去看电影、逛街或者聚餐，与朋友们分享欢笑和趣事。深呼吸与冥想：当你感到紧张或焦虑时，找一个安静的地方坐下，闭上眼睛，专注地进行深呼吸。想象自己正在吸进平静和放松的气息，呼出负面情绪。你可以尝试一些冥想音乐或指导语音，帮助你更好地进入冥想状态，感受内心的宁静。

4. 认知调节

（1）接纳承诺疗法

接纳承诺疗法是一种基于正念的认知疗法，是一种以功能性语境主义哲学和关系框架理论为基础的心理治疗方法。其中最具代表性的经验型行为治疗方法包括通过正念、接纳、认知解离、以自我为背景、明确价值和承诺行动等过程。该疗法目标帮助人们接纳生活中痛苦悲伤的情绪，使人们投入丰富充实且有价值、有意义的生活。

接纳承诺疗法主要的工作目标是提升心理灵活性：提升个体接触当下，自我体验，并在个人价值引导下检查并改变行为的能力。提高心理灵活性有利于人们在不良环境的出现或者是重大人生危机发生时，依然会向有价值有意义的方向前进，减少了痛苦、悲伤的负面情绪对人生道路的影响。为了帮助人们实现心理灵活性，接纳承诺疗法提出了包括心理病理模型和治疗模型的六边形模型。

"生而神灵"（《黄帝内经》）意思是这个人生下来就不一样。在中国古代文化中，"心"和"神"是同义词。俗话说走神了，其实就是心不在了，心是个很美的神，你听歌都这么唱"你总是心太软，心太软，把所有问题都自己扛"，你看人都这么骂"你缺心眼"，你瞧网络词都这么造"走心"，连我家娃看动画片都说要用心看，旁人都要禁言，可不是你弄出点声音就会分她的心，心美就美在能与天地沟通，与大自然亲近，比如没有用心你能写出"知否，知否？应是绿肥红瘦"的佳句？心美就美在能关心亲人工作累不累，比如没心你能支持孩子做个快乐的快递员？心美就美在做人的工作要用心感同身受，比如没心你怎么教导一个孩子事半功倍的道理。

所以有心之人是"慧"，而不是"智"，俗话说"急中生智""静极生慧"。智不带心，不动心，不动神，"知日"，只研究看得见摸得着的东西，"慧"有丰富无穷的心，只要带心就能"神"。"ヨ"是归的半边，象征着回归，俗话说就是"拐弯"，就是"物极必反"，就是"否极泰来"，就是"乐极生悲"。智的追求无穷无尽。俗话说学海无涯，名利无边，慧就有拐点。俗话说收放自如，慧是一种人生境界，知道多了狠了不好。懂得妥协，懂得心软，懂得抱朴守拙，懂得恬淡虚无。俗话说就是接纳生活带给你的过去和将来。

（2）理性情绪治疗法

理性情绪治疗法是由阿尔伯特·艾利斯于1955年提出的心理治疗方法。它的主要理念是，人们的情绪和行为问题往往源于对事件的不理性认知，因此，通过改变这些不理性的认知，就可以改变的情绪和行为。这种方法在处理焦虑、抑郁、强迫症等心理问题时效果显著。

5. 人际关系调节

人是生活在人际交往当中的，人际调节属于社会调节或外部环境的调节。在人际调节中，个体的动机状态、社会信号、自然环境、记忆等因素都起重要作用在社会信号中，他人的情绪信号，尤其是与个人关系密切的人发出的情绪信号，对于情绪调节有较大的作用。朋友的一声安慰，老师的一句鼓励，家人的一个拥抱，很多时候都会让我们内心的情绪得到平复，就像波涛汹涌的大海，在经历暴风雨时，就像人间地狱一样，但宽广的海床一直包容着大海的所有，直到海平面恢复平静。

（二）情绪与三大脑跷跷板游戏

以警校为例。警校积极响应国家阳光工程，依托警务化管理体制，不仅让体育活动贯串整个学期和学年，并且几乎贯串每一天。比如，公安专业几乎每天都有体能训练时间，训练形式多样有趣，有散打，有越野，有耐力测试，有队列，有球类等；普通专业每天早上有晨练，下午有体能。在警院，体育锻炼已经成为生活作息的一部分，已经成为一种习惯。每年举办气氛浓厚的警察体育文化节。

研究表明，体育锻炼是增强大学生心理健康水平和改善心理素质的有效方式之一，体育锻炼也对有心理问题的学生有不同程度的调节作用，比如球类项目对有抑郁、人际关系敏感、孤僻、缺乏自信的学生有较明显的改善。

1. 三大脑的功能和作用

我们的心理受大脑控制，大脑是心理的器官，大脑分为三个部分，可以用拳头来表示。

举起我们的一只手，打开手掌心。掌心到手腕这部分代表脑干，俗称运动大脑。脑干是大脑中最为原始的一部分，它控制着心跳和呼吸，所有的信息进入整个大脑都会先经过脑干，掌管着最重要的与生存相关的技能，不负责思维。比如当你在路边散步时，突然有条大狼狗向你冲过来要咬你，这个时候脑干会不惜一切来想办法保护你的安全，调动全身所有的力量，要么逃跑，要么想办法和它战斗。

我们再把拇指向掌心折过来，这个拇指代表的是一些边缘系统如杏仁核（掌管着恐惧，悲伤，愤怒等主要情绪），海马体（调节情绪记忆）和扣带回（调节注意力）。人的大部分自动反应都是由这部分控制的，比如瞳孔、眼球、肌肉等。这部分边缘系统被称为情绪大脑。人自动运行的生存智慧，亲善或敌对等一系列基本动物性的反应由边缘系统完成。

现在我们把其余的四根手指再向掌心折过来，把大拇指盖住，形成一个拳头。整个拳头代表的是我们的大脑皮质，四个手指代表的是额叶，负责理性、逻辑、思考、信息整合等。指甲盖代表的是我们的前额叶，前额叶也和脑干以及和边缘系统相连，是整个大脑的指挥官。这部分是我们唯一能思考的部位，包括情绪管理，人际关系，灵活应对，自我意识等，俗称理性大脑。

三大脑要和谐共处，任何一个过度了都会有问题，我们的体能训练，跑马拉松就是训练运动大脑。我们大兴学习之风、阅读分享、周日讲评就是训练我们的理性大脑。我们看电影，听音乐，还有我们户外的体验式心理行为训练活动、小班参与式活动、社会服务是训练我们的情绪大脑，激发情感，才能改变认知，才会积淀行为。

2. 如何保养大脑

我们的大脑很神秘，很重要，像个指挥部掌控着复杂的心理世界。我们每天花了很多金钱和时间保养自己的脸，可是没花什么精力保养我们的大脑，大脑才是我们最贵的器官。那么应该如何保养呢？

首先是不要熬夜，注意用脑卫生，尤其是年轻人要远离伤害大脑的电子产品，早睡早起；其次是三个大脑像玩杂技一样玩平衡。

3. 如何使三大脑平衡

情绪化的人，也就是情绪大脑占上风，就要调动理性大脑或运动大脑去平衡。

【举例1】有一个女士，情绪非常容易波动，常常因为小事与家人吵架，深感不安，也觉得自己有问题，不能平和地生活，甚至影响到家庭的和谐，于是咨询心理专家要怎么调整自己的情绪，咨询完后应女士的要求也推荐了一些书籍供她阅读，没想到抱着试一试阅读的心态，结果让这位女士爱上了阅读，一发不可收拾，一年可以读几百本书，炒菜在听书，开车在听书，拖地也在听书，听完了电子版，还买回来纸版继续学习，越读书越明理，心态越平和，情绪大脑在理性大脑的调控下渐渐和谐多了，加上平时做做瑜伽，运动大脑也参与，这位中年女士生活越来越舒心，家庭越来越和谐。

【举例2】一位父亲，因为小学一年级的儿子不能按时完成作业动手打孩子情况更糟后很苦恼，求助专家怎么办。一了解孩子5岁读书，理性大脑发育跟不上小学的要求，无法胜任小学生的任务，国家规定6岁入学是有科学依据的嘛，家庭暴力更加重了情绪大脑的恐惧，家庭学校混合双打，孩子没有生存空间只会使事情恶性循环，经过专家指导，家长领悟，调整等待，进入良性循环。

同样，理性大脑占上风，则要调动运动大脑去平衡。近年来，公安队伍跑马活动越来越多，社会上也是这样，健身也是越来越流行，以前没这么风靡，为什么？就是因为运动让人舒服，运动让人情绪稳定，睡眠改善。那为什么公安尤其需要呢，为什么有的运动上瘾呢？因为公安的工作性质，理性大脑长期运转，神圣的使命感使情绪也不容易外泄，这两大脑基本是超负荷了，那么只有运动大脑来平衡，否则这个人要出问题的，只有三大脑和谐平衡，人才会健康。

第七章

本领用实践锤炼：成才之路

实例引入：以实践锤炼彰显非凡本领

尼克·胡哲（Nick Vujicic），1982 年生于澳大利亚墨尔本，生来没有四肢，但凭借坚韧的意志和乐观的信念，在全球演讲，鼓舞人心。2005 年获澳洲年度青年称号。2022 年起担当国际公益组织没有四肢的生命 CEO。

他没有四肢，左边有只长出来像"小鸡腿"带两个脚趾的脚掌，他用两个珍贵的指头能做许多事，走路、打字、踢球、游泳、弹奏打击乐等，他待在水里可以漂起来，因为他身体的 80% 是肺，"小鸡腿"则像是推动器，因为这两个指头，他还可以做 V 字，每次拍照，他都会把它们翘起来。

事实上，尼克有今天这么多能力，这是一场艰辛的战役，供应尼克所需的一切，是一场持续的挣扎，可以寻求帮助的对象和渠道并不多，他的父母只能独自克服各种问题，在尝试和纠错中不断摸索，找寻或设计合适的轮椅设备，筹集资金支付一切，甚至与社会的律例抗争。

由于尼克身体上的残障，澳大利亚当时的法律规定不允许他进入正规学校，但他的母亲力争修改法律，经历万般艰难，令尼克成为第一个进入正规学校就读的残障生。①

分析：尼克能拥有今天的各种能力，归功于他有一个有信念的父母，妈妈一句"你跟别人没什么不一样，只是有点特殊"，就是信念植入的开

---

① 彭健. 13 岁"独臂篮球少年"，一个充满光亮的人生隐喻［EB/OL］.（2020 - 06 - 07）［2024 - 02 - 09］. https：//www. peopleapp. com/column/30037168943 - 500002216531.

始。能力的概念很复杂，一般认为，能力是一种心理特征，是顺利实现某种活动的心理条件。比如，一位画家具有的色彩鉴别力、形象记忆力等，都叫能力，这些能力是保证一位画家顺利完成绘画活动的心理条件。尼克没有四肢，可是他其他方面一切正常，某种程度上，他具备了完成所有活动的心理条件，这是他父母为什么不惜一切代价把他送进正规学校的信念，也是他今天确实拥有众多能力的前提条件。但是这条能力实现之路并不顺利，比有四肢的普通人需要付出更多的努力，好在，"你跟别人没什么不一样，只是有点特殊"的信念有一种强大的动力，一直支撑着尼克前行，这真是伟大的父母，伟大的壮举，伟大的信念。

放弃还是站起来，这是每个人必须面临的选择。他一开始摔倒了，躺在地上，脸朝下，没手，没脚，要爬起来很难。他重复试了一遍又一遍，上百次，上千次，没有放弃，因为他的父母告诉过他，这不是最终的结局，他会找到一个方法来完成，就这样他在信念中一遍又一遍练习，最终找到了站起来的方法。

小尼克上学后，发现孩子们都趴在课桌上听课，只有金黄色头发的小尼克突兀地站在课桌上，用仅有的两个指头夹住笔写写画画，他一开始是不适应的。他妈妈说，上学第一天，他不停地哭，隔天就不愿意上学，因为他跟其他孩子不一样，他会引起他们的好奇，他们会观摩他并指指点点，甚至会排挤他，很多活动不能合群，他感觉特别孤独。但他的家人始终支持他，所有人都坚信并对他说：尼克，你跟别人没什么不一样，你只是有点特殊。但是，他不想要特殊，他只想跟大家一样！

分析：小尼克要学会自己能站的能力，就碰到练习的困难，这其实跟我们正常人学走路差不多，只要他动作记忆没问题，空间知觉没问题，运动知觉没问题，他要站起来就没问题，只是比普通人不一样些。让他相信他一定可以站起来，这就给了他无限希望，让他的练习变得充满期待。当他面对学校的适应问题时，全家都坚信他学习能力没问题，交往能力没问题，一定可以得到同学的认可，他只是有点特殊，他就是这样被信念推着前行，才一步一步发展出各项能力。这就是信念的力量，父母陪伴的力量。

8 岁的尼克祈求上帝让他长出四肢来，但并没得到回应。10 岁时，尼克试图将自己溺死在浴缸里。整个童年，他不仅要挑战学习，还要与自卑和孤独作斗争。有一天上学，他先后被 12 个孩子取笑。到下午 2 点 50 分，他坐在轮椅里暗自确定：假如再多一个人取笑我，我就放弃自己。这时，一个女孩走过来：嘿，尼克，你今日看起来不错啊。他已记不清这个女孩的样子了，但他却记得这句激励救了他的命。

靠着坚定的信仰、家人的支持和挚友的陪伴，尼克的信念一天天增长。他坚信除了外表不同，他跟其他人是一样的。他的自信和乐观慢慢赢得其他学生的敬重。此外，他还发觉自己很有演讲天赋，很多人在这方面很敬重他，他被全校学生票选为小学的学生会主席、中学的学生会副主席。

他后来喜爱各种新挑战，例如刷牙，他把牙刷放在架子上，然后靠移动嘴巴来刷，有时的确很困难，也很挫败，但他最终解决了这个难题，能力又一次被开发。

分析：尼克的心理条件具备了，要完成每个活动，就要去实践，就像刷牙，他的思维，他的认知，他的动作，他的主观能动性都没问题，但是要完成这个活动需要实践，反复体验练习，最终能力形成。演讲也是这样，他演讲的心理条件都具备，一经实践，就大受欢迎。

尼克的生活完全能够自理，独立行走，上下楼梯，下床洗脸，打开电器开关，操作电脑，甚至每分钟能击打 43 个字母，他对自己谜一般的身体充满感恩。父母教他不要因没有的东西生气，反而要为已拥有的东西感恩。他没有手脚，但他很感恩还有这只"小鸡腿"（左脚掌及相连的两个指头）。

游泳并不是尼克唯一的体育运动，他对滑板、足球也很在行，"最喜欢英超比赛"。尼克还能打高尔夫球，击球时，他用下巴和左肩夹紧特制球杆，然后击打。身体的缺陷没有阻挡尼克对运动的热爱和新鲜事物的热情，2008 年，尼克在夏威夷学会了冲浪，甚至掌握了在冲浪板上做 360° 旋转的高难度动作，并因此登上了美国权威的水上运动杂志《冲浪》封面。对此，他显得很平静："我的重心非常低，所以可以很好地掌握平衡。"

除了精通于多种运动，尼克对待学业也是非常认真。在父亲的帮助下，尼克取得了会计和金融企划的双学士学位。并且还学会了开车。

分析：尼克的能力像开了挂一样，只要心理条件具备，什么能力好像都难不倒他，运动、学习、开车，等等，他学一样，会一样，练习的把握和实践的特殊丝毫难不倒他，他把他跟别人没什么不一样的信念践行到方方面面，其实，我们每个人都有这样的潜能。

尼克在演讲中，无数次当众倒在桌子上，向台下的孩子和成人演示一个无手无脚的人如何重新站起来。一次不行，就第二次、第三次……直到身体艰难地站立。他用自己的生命体验让孩子们明白，实现梦想最重要的就是坚持不懈和拥抱失败，把失败看作一次学习的机会，而不是被失败的恐惧打倒。孩子们流泪了。这是一种撼动灵魂的感动。坚持不懈和拥抱失败这一点，尼克的母亲做得特别有定力。

有一次，尼克对母亲嚷道："妈妈，把我的书给我。"

母亲对他说："孩子，你自己想办法，我相信你能做到。"

听到母亲的回答，尼克吃惊地说："什么，我能做到？妈妈，你不知道我没有双手双脚吗？我怎么可能爬到书架上拿自己的书呢？"

母亲继续说："孩子，我相信你能做到。"

于是，尼克开始尝试自己跳到桌子上。然而，失败一次又一次，最后，他对母亲发脾气说："我做不到。"

可是，母亲极度温柔地对他说："孩子，没有关系，我们继续来。"

终于，在一次又一次的失败后，他成功地拿到了自己的书。

分析：能力的形成一定离不开实践，尼克的妈妈是深爱尼克的，所以她的信念就是尼克除了没有四肢，跟别人没什么不一样，所以她在方方面面像对待健康人一样对待尼克，并没有特殊化，包括上学，这跟我们很多父母比起来，做得好太多，伟大的母亲训练出了伟大的普通人尼克。

以上案例向我们展示了，能力的缺失对许多人来说或许是毁灭性的打击，但是尼克通过他不懈的努力，创造了不灭的奇迹。这告诉我们，能力的缺失并不可怕，可怕的是生活希望的丧失。借由尼克的案例，我们一起来了解能力是什么。

能力就像一把称手的工具，辅助我们健康生活的方方面面。你会唱歌，他会跳舞，有人数学很好，有人历史知识出类拔萃。但是能力不仅仅是人达到某种目的所需要具备的知识和技能，在心理学中，能力是一种心理特征，是顺利实现某种活动的心理条件。[1]

---

[1] 顾明远. 教育大词典［M］. 上海：上海教育出版社，1998：1145.

为什么说是心理条件呢？是因为我们单有动机，没有做事的知识或技能，或者单有做事的知识和技能，没有去做的动机，都没有办法达成这一件事情。同时具备做事的动机，知识与技能，三者合为一，即为顺利实现某种活动的心理条件，这就是能力。

在教育家的眼中，往往把培养"能力"作为教学的目标，正如中国古话中说的"授人以鱼，不如授人以渔"，了解能力本身是至关重要的。

想要了解能力，能力的发生和发展不可或缺。本章节我们会先从能力的经典实验开始，顺着这条河流溯源而上，了解能力的起源，能力的发展关键，能力的发展阶段；接下来随我们一起走进生活的舞台，了解不同能力分类在我们生活中起到的作用；然后了解生活中能力缺失所导致的阴影——努力真的有用吗？我们天生能力就不如别人吗？如果缺少心理能力会发生什么？等等这些离我们生活相近，却又潜藏在暗处的问题。再了解我们经常说的"情商"是什么，有没有什么办法能够提高我们的情商呢？

最后，我们将直面能力缺失所导致的厌学、孤独症的阴霾。能力的形成有很多影响因素，为了守卫我们的健康生活，让我们通过尼克的案例，一起去领略万花竞放的能力世界，请随我一起推开"能力"百花园的大门吧！

一、揭秘人类潜能的奥秘：从经典实验看育人的科学之道

人类的能力就像一座宝库，里面潜藏着巨大的财富，多到我们无法想象。我们可以去选择开发这座宝库，也可以选择就让这些宝藏积灰——当然，多数人都会选择去开发这座宝库。心理学家们为了开发这座宝库，就做了许多经典的实验。我们是否曾经有过许多好奇：我们的能力是否存在最佳培养时期？能力来源先天的还是后天的？能力的发展是渐进式还是阶梯式发展的？为了解开这些谜题，我们一起来了解心理学家们做出的这些实验。伴随着这些实验，或许你能够找到掌握能力的秘诀呢！

（一）双生子爬梯实验：静待花开的教育哲学

我们面对能力其中一个问题是"能力是否存在着最佳培养时期？"，这个问题对于家长而言意义重大。人类先天条件不同，发展环境不同，发展阶段必然有个体差异，怎么解决生理上的差异呢？心理学家想出了一个办

法：找到一对同卵双胞胎。

众所周知，同卵双胞胎在基因上是完全相同的，在同一对夫妻的养育下，教养方式也无太大差别。美国心理学家格塞尔就这样招募了一对出生46周的同卵双生子。他让其中一位 T 每天进行爬梯子训练，另一位 C 顺其自然。

在训练 6 周以后也就是第 52 周，经过训练的 T 爬梯只需要 26 秒，而在53 周的时候，没有经过任何训练的 C 爬梯还需要 45 秒，格塞尔在对 C 连续进行两周的爬梯训练，到第 55 周，他爬上 5 级梯，只需要 10 秒。

实验中同卵双生子可谓在生理条件上几乎一模一样，为什么后训练的 C 反而能够在短时间内掌握爬梯的技能呢？那是因为过了一段时间后，生理机能的成熟，促成了能力的发展。也就是说，生理发展成熟的前提之下，能力的培养是水到渠成的事情。①

在探讨"最佳培养时期"时，格塞尔的双生子爬梯实验为我们提供了深刻的启示。同卵双胞胎在相同基因与环境背景下，展现出截然不同的学习曲线。实验揭示，生理机能的成熟是能力发展的关键前提。这一发现，对急于求成的家长们敲响了警钟：每个孩子都有其独特的成长节奏，拔苗助长只会适得其反。

在我们的生活中，家长面对培养孩子万万不可心急。有些家长急于求成，孩子一两岁就想要孩子能够认识很多字，说话要非常流利，看到隔壁天资聪颖的孩子已经对答如流了，不少家长心急如焚。家长若是总是将自己的孩子与邻居家孩子比较，孩子便很小就开始自卑，为了提早掌握语言技能所造成的后果远远大于掌握语言本身。

双生子爬梯这证明了能力的培养确实存在着关键期。家长其实并不需要对孩子语言和动作的发展太过于心切，这需要大脑神经细胞的发育成熟，也需要孩子身体机能各个方面的发展成熟，这时候拔苗助长反而会让事情往反方向发展。家长应学会耐心等待，尊重孩子的成长规律。在关键期内，提供适宜的支持与引导，而非盲目比较与施压。让爱与耐心成为孩子成长

---

① 韩明，卢忠凤，王强强. 从格赛尔双生子爬梯实验谈早期教育［J］. 大众心理学，2016（9）：34-34.

路上最坚实的后盾。

（二）反应时实验：因材施教的教育艺术

1796 年，英国格林威治天文台的台长马斯基林发现他的助手记录星星的时间总比他记录的时间慢 1 秒，他认为是他的助手不负责任，于是把他解雇了。实际上并不是助手故意不负责任，而是每个人的反应能力天生是有差别的，这取决于神经的传导速度。

1850 年，生物学家赫尔姆霍茨做了第一个测量反应时的实验，他发现青蛙的神经传导速度为 26m/s，而人的神经传导速度，平均为 60m/s。有些人反应能力灵敏，这些人天生适合做赛车手等职业。

1868 年，反应时的概念首次正式引入心理学领域，这得益于荷兰生理学家唐德斯，他发明了减数法测量反应时，并且提出了著名的唐德斯 ABC 三种反应时。

他发明了三种反应时任务。A 简单反应时任务：包括一个简单刺激和一个反应。仅有一个灯，要求被试在灯亮时按键反应。B 选择反应时任务：包括几个刺激和几个反应。有红绿两个灯，要求被试在红灯亮时左手按键，绿灯亮时右手按键。C 辨别反应时任务：包括几个刺激和一个反应。有红绿两个灯，要求被试在红灯亮时按键反应，其他情况均不反应。

我们可以看到 A 任务的反应时包括简单反应时；B 任务反应时包括简单反应时，刺激归类和选择反应；C 任务包括了简单反应时和刺激归类。所以我们可以得出以下式子：

$$刺激归类的时间 = C - A$$

$$反应选择的时间 = B - C$$

原理名为"减数法"，即如果一种作业包含另一种作业所没有的某个特定的心理过程，且除此过程之外，二者在其他方面均相同，那么这两种作业的反应时的差值，为此心理过程所需时间。[①]

马斯基林与赫尔姆霍茨等先驱的研究，让我们认识到人与人之间在反应能力上的天然差异。这不仅关乎个人天赋，更深刻影响着职业选择与人生轨迹。唐德斯的三类反应时任务，更是为我们提供了一种量化评估与理

---

① 舒华．反应时技术和认知心理学 ［J］．心理科学通讯，1998（4）：43 – 49.

解这些差异的方法。

这告诉我们每个孩子都是独一无二的，拥有各自的天赋与潜能。教育者应善于发现孩子的长处与短处，因材施教，帮助他们在适合自己的领域发光发热。同时，引导孩子正视自身差异，培养自信与自我认知的能力。

（三）习得性无助实验：觉醒心灵的教育力量

尼克身残志坚，即使没有了双腿双手仍然成了激励人心的演说家，取得惊人成就。所以说能力的发展并不完全取决于先天，而取决于人们能不能极致发挥出自己的能力。有些人不是没有能力，而是不愿发挥出自己的能力，这是为什么呢？塞利格曼的习得性无助实验让人印象深刻。

实验被试是 24 只狗，分别被分成三组，每组 8 只。第一组是"可逃脱组"，第二组是"不可逃脱组"，第三组是"无束缚的控制组"。

在第一阶段中可逃脱组和不可逃脱组一一配对，接受电击，可逃脱组通过挤压狗套可以停止电击，不可逃脱组的狗不能控制电击，控制组不接受电击。

第二阶段中，三只狗都被置于有隔板的箱子中，灯光熄灭 10 秒后，电流通过箱子底部 10 秒内，只要跳过隔板就能逃脱电击。但是实验结果之中，不可逃脱组的 8 只狗在 9 次实验，甚至 10 次试验中都没有跳过隔板，逃脱时间也与其他两组存在显著差异。但可逃脱组与控制组之间的差异并不显著①。

可逃脱组与不可逃脱组之间最大的不同在于狗是否能够主动中止电击，明明逃离电击，只有一步之遥，但是不可逃脱组的狗已经对"电击"感到"无助"，所以它们明明有能够跳过隔板的能力，却选择了放弃。就像马戏团中大象往往被一根细细的绳子所拴住，那是因为它们在小的时候没有办法挣脱这根细细的绳子，再长大后，它们明明拥有可以挣脱绳子的能力，却不再会挣脱这根绳子。

这个实验启迪我们，无论如何不要放弃对生活的希望。能力不会消失，但会被压抑甚至忽视。就比如说当我们面对多次学业失败而导致的心理障

---

① OVERMIER J B, SELIGMAN M E. Effects of inescapable shock upon subsequent escape and avoidance responding [J]. Journal of Comparative and Physiological Psychology, 1967, 63 (1): 28 – 33.

碍，不要气馁，成功有时候只有一步之遥。坚持就是良药，想要发挥出自己的能力，先从挣脱这根细细的绳子（我们心中的设限）开始吧。育人之道，在于点燃希望之火，培养学生的自信心与抗挫力。让他们明白，无论遇到多大的困难，只要勇于尝试，坚持不懈，总能找到属于自己的那片天空。正如尼克·胡哲所展示的那样，即使身体有限，心灵也能无限飞翔。

通过心理学家的经典实验，我们得以更加清晰地认识到科学育人的重要性。了解科学育人的核心原则：因材施教，根据孩子的兴趣、特长与潜能，量身定制教育方案；培养自信与自我认知，鼓励孩子探索自我，建立积极的自我形象与自信心；关注全面发展，在注重知识传授的同时，关注孩子的情感、社交与身体素质的全面发展；尊重成长规律，理解并尊重孩子的成长节奏，避免过度干预与拔苗助长。

让我们携手努力，为孩子们营造一个充满爱与智慧的成长环境，为孩子们的心灵世界撑起一片晴朗的天空，共同见证他们绽放出属于自己的光彩。

二、"修理"生活的工具

生活中离不开我们的能力，能力就像一个顺手的工具，帮助我们"修理"生活中一个又一个难题。我们都在运用自己的能力，创造更好的生活。能力可按照不同标准分类：一般能力与特殊能力，创造能力与模仿能力，流体能力与晶体能力，认知能力、操作能力与社交能力以及情绪理解、控制和利用的能力。

（一）一般能力和特殊能力：百花齐放的能力世界

打开能力的大门，就像走进能力的百花园，每一朵花都有自己独特的魅力与芳香，这同样令我们的人生多姿多彩。我们每个人的能力既有相通之处，又有不同之处。几乎所有人都拥有的能力叫作一般能力。就好比我们可以读书识字可以朗诵，可以听到声音与曲调，可以挥舞我们的手脚做简单的操练，这类基础应对生活的能力叫作一般能力。

除了大家都拥有的能力之外，还有一些特殊的，不是所有人都能拥有的能力，名为"特殊能力"。特殊能力是在拥有一般能力的前提下，组合延伸出来的更高的能力。就好比视唱练耳中，在有听音、发声的一般能力下，同时听到的音符能够辨别音调，辨别音调之后能找到音调；绘画中，在有识色、创造力动手能力的一般能力下，将动手能力延伸为精细的绘画，识色能力以及创造力在脑中组合成一幅完整的绘画，在这个过程中，人的所有感官都是相互配合的，就像一个配合默契的团队一样。

除此之外，特殊能力还有舞蹈、跑步、下棋书法等，拥有不同特殊能力的人组合成了不同的职业，而这些不同的职业无高下之分，构成了我们社会的一部分。

（二）模仿能力和创造能力：轻轻敲醒沉睡的心灵

每个孩子诞生于世界之初，都如同一张白纸，父母就像一支画笔，在孩子纯洁的心灵上画下最初一笔。我们发现原生家庭好像一种奇怪的循环，父母之间的相处模式，往往会带入儿女的家庭关系中。就好比家庭中出现暴力的孩子，长大后在新的家庭实施暴力的概率会增加。为什么会有这样奇怪的循环呢？这就是在模仿能力发挥下，观察学习的结果。

根据能力的来源，将能力划分为模仿能力和创造能力。模仿能力，顾名思义，即为观察学习然后做出相似行为的能力以及创造新的事物灵感的能力。就好像婴儿从出生开始咿呀学语才能学会说话一样，模仿能力是创造能力的开端。

三大经典学习理论其中之一即为班杜拉提出的"观察学习理论"，通过模仿他人的行为模式以及做事方法，不用通过亲身实践就能习得知识和技能，又称无尝试学习或替代性学习。

班杜拉认为观察学习的对象能有三种，一是活生生的人，二是通过语言或影视图像而呈现的榜样，三是以讲故事或形象化的方式表现，某个带有典型特点的榜样，以告诫儿童学习或借鉴某个榜样的行为方式。可以说幼儿初期的能力基本是从模仿父母的言行而衍生出的，所以父母对儿童起到至关重要的榜样作用。

有些父母管控不住自己玩手机的欲望，却要求自己的儿女不能沉迷于手机，多出去看看世界，那么这种单纯的训斥是起不到效果的。父母应该以身作则，作为儿童观察学习的榜样。那么怎样算是理想的榜样呢？班杜拉也帮我们列举出了理想的榜样，应具备的五个条件：

其一，榜样的示范要特点生动鲜明，才能引起学习者的注意。这就是为什么对孩子影响最大的人是父母，是因为父母和孩子的生活密不可分，不需要刻意引起孩子的注意孩子就会下意识地模仿父母的行为，也就是"耳濡目染"。

其二，榜样的示范要符合学习者的年龄特征。根据孩童的发展阶段，合理规划不同阶段需要完成的任务。

其三，对于学习者来说，要具有可行性。即学习者能够做得到，这是最基本的条件。每个人有每个人的天赋能力所在，强求孩子去做他没有能力做到的事情，这对孩子来说，只会是很大的压力。

其四，榜样的行为要具有可信任性。即相信榜样付出某种行为是出自自身的要求，而不是具有另外的目的。父母比起总是把"我都是为了你好"挂在嘴边，不如教会孩子如何为自己的未来负责，如何做好对未来理想的规划。这样，孩子学习榜样的动力，就是出于内动力，而不是出于他人的要求。

其五，榜样的行为要感人，使学习者产生心理上的共鸣，这时学习者才会表现出相似的行为。适当地观看感动人心的影片是有效的，但是过度地强调付出和牺牲试图引起孩子的共鸣，反而会适得其反。

模仿能力，是人的一生中所打下的重要学习基础，但我们不仅仅满足于基本的学习，我们还要拥抱自己的新生活，也就是善用我们的创造能力。

创造能力，可并不像我们平常的认知一样，只有参与设计工作绘画工作，这种需要不断迸发灵感的工作才需要用到创造能力，创造能力也可以存在于我们平常生活当中。甚至说没有创造能力，每个人的每一天就犹如提线木偶一样，固定地打卡上班，固定的工作流程，会使人感到困顿和迷茫，这时候就需要用到创造能力，为我们每一天固定的生活增加一些新的乐趣。

抬头望望日落，是不是每天的日落都有不一样的风采，今天的云霞不是昨天的云霞；为自己买一束鲜花，给自己来一场庄严的人生宣誓，都说爱人如养花，爱自己同样也是。用创造能力给自己的生活增添一些小惊喜，原本千篇一律的生活也能变得五彩斑斓起来。

那么有没有什么方法可以开发自己的创造能力呢？

首先，给予自己思考和独处的空间。创造是向内探寻的旅途，需要沉淀，需要自己的空间而不被琐事填满。有人说过："一个人的灵魂，只有在独处中，才能洞见自身的澄澈和明朗。"每天给自己留下一小块灵感空间，任思维驰骋，令心神开阔，享受一个人的丰盈。

其次，允许模糊感的存在，带上好奇心去开拓未知。比起开拓未知，人都是喜欢熟悉感的，因为熟悉的事情处理起来让人感觉得心应手，可以不用承担未知的风险，所以人们排斥不确定的感觉，但创造力往往就孕育于这片模糊地带。如果将创造性成果比作目标，那么好奇心就是达成目标的"燃油"，会让我们源源不断地向外探索接触新事物，拓宽自己的视野，有助于创造力的发展。

最后，保持愉悦的心情，接纳一切事情的发生，人在愉悦的时候，神经元同样是活跃的；伤心的时候，伤心时候的神经元会相对萎缩。为了保持灵感持续生发的状态，请保持心情通畅愉悦，不要让悲伤长久地占据你的大脑。

（三）流体能力和晶体能力：挖掘能力的宝库

一个破案组若有最佳的组合方案，那就是既有年轻的刑警又有老的刑警。因为年轻的刑警拥有较敏锐的洞察力，而老刑警具有更多的侦破经验。二者的组合势必会大大提高工作效率。其中年轻刑警代表的就是流体能力，老刑警代表的就是晶体能力。

不同的能力在我们不同的人生阶段起着至关重要的作用。流体能力和晶体能力，这是美国心理学家卡特尔做的划分，划分的根据是人一生中的发展趋势以及能力对先天禀赋与社会文化因素的依赖程度，即能力的来源是先天还是后天。

流体能力较少依赖于社会建构的影响，而主要取决于个人禀赋，比如逻辑和推理能力。在20岁左右达到顶峰，30岁以后逐渐下降。但是区别于先天决定论，流体能力也可以进行一定程度的开发。

我们必须得承认，人与人之间在生理上是具有客观差别的，但是生理条件只决定了人的上限，这世上还有很多人连自己的上限的影子都没有看到过。有人说95%以上独生子女考上清华北大的家庭的教养方式都不值得参考，因为人的天赋各种各样，我们很难去说这个人成绩优异就是因为他接受的教养方式得当，但是如果他家里有两个孩子，两个孩子的成绩都很优异，那么我们才可能去说，这个家庭教养方式得当才教育出了优秀的孩子。

每个孩子都有未被开发的潜能，家长要做的是善于去发现挖掘它们，这样孩子们也会因此变成他们不同的样子，在不同方面闪闪发光。先天条件只是一部分，后天家长的教育和个人的努力，同样是开发人的流体能力的重要一环。

晶体能力指的是人类经过教育之后而获得的能力，比如说语言能力。一个人的流体能力，一般会在 20 岁左右达到顶峰，而晶体能力会随能力的增长而增长，与社会文化有着密切的关系。有句古话叫作"家中有一老，犹如有一宝"，讲的就是老年人阅历经验比较丰富，晶体能力相对比较成熟，但并非所有老年人都是这样。

目前国内心理健康的重心大多放在青少年心理健康教育，但是较少有人会去关注老年人的心理健康状态，人的一生有生老病死是寻常，但是等到我们自己真正老态龙钟的那一天，未必能够十分坦然。许多老人家会有"存在缺失感"。很多老人家会说："我老了不可怕，但是我老了有各种各样的毛病，又帮不上你们的忙，最怕成为你们的负担，给你们添麻烦，这样我生不如死。"随着时代的发展，老一辈的经验可能有时候并没有太大用处，这加剧了老年人不被重视的心理，而中国家庭结构的重心往往放在下一代身上，对老年人的关注会比较少。

我想在这里呼吁关注空巢老人的心理精神健康，多去聆听老一辈说的话，且先不谈论建议对与否，每个人的存在都渴望被看见被听见，这对他们来说就是最好的疗愈。

（四）认知能力和操作能力：拨开生活中的云雾

天空下了一场大雨，开心的人看见的是雨滴欢腾喧闹，犹如一场喜剧喧嚣开场；伤心的人看见的是连天公都在为他伤心落泪，渲染了悲伤的氛围。我们有没有想过，同看一场雨，为什么会产生如此之大的区别呢？

雨本身并未改变，无论是开心的雨还是伤心的雨，雨还是雨，改变的是人看待雨的认知过程。这个认知过程，即表现了我们的认知能力。

认知能力讲的是人们认识客观世界，用大脑加工、储存和提取信息的能力。听起来认知世界是一个理所当然的过程，但是很少人去关注认知世界背后"我"的存在。什么意思呢？就是"我"在用什么逻辑和框架去认识解释这个世界，建构我的叙事结构。我们太多人把这个认知过程看作理所当然了，就会陷入自己给自己所建构的框架之中。

就比如说，如果一个环境给我们带来了巨大的压力，那么这个环境就是为了压迫人们而存在的。真的是这样吗？首先我们可以看到一个不合理信念，即为"压力大，就是压迫"，这是认知过程，但是在认知过程后面还有一个"我"的存在，这是比认知过程更深的存在，即"我"是一个随时会被压力破坏的人，这个自我限制会影响他看待每一个事情的认知过程，这就涉及比较深的层面。

心理学中有一个疗法叫作"认知疗法"。这个疗法认为，人的一切非适应性或非功能性心理与行为，本质上都源于一个不良的认知。一个诱发性事件即为 A，看法和解释即为 B，但是 A 不一定直接决定 B，因为在 A 和 B 之间还有一个 C，即信念。这个 B 影响了我们对事件的看法和解释，但并不是事件直接具有其看法和解释，这就是著名的 ABC 理论，由美国心理学家埃利斯创建。

如果 B 产生了偏移，人就会有各种各样的痛苦，以及躯体化症状，这就是认知疗法的原理。根据临床经验，埃利斯提出了 11 条主要的不合理信念：

1. 在自己的生活环境中，每个人都绝对需要得到其他重要人物的喜爱与赞扬。

2. 一个人必须能力十足，在各方面至少在某方面有才能、有成就，这样才是有价值。

3. 有些人是坏的、卑劣的、邪恶的，他们应该受到严厉的谴责与惩罚。

4. 生活中出现不如意的事情时，就会有大难临头的感觉。

5. 人的不快乐是外在因素引起的，人不能控制自己的痛苦与困惑。

6. 对可能（或不一定）发生的危险与可怕的事情，应该牢牢记在心头，随时顾虑到它会发生。

7. 对于困难与责任，逃避比面对要容易得多。

8. 一个人应该依赖他人，而且依赖一个比自己更强的人。

9. 一个人过去的经历是影响他目前行为的决定因素，而且这种影响是永远不可改变的。

10. 一个人应该关心别人的困难与情绪困扰，并为此感到不安与难过。

11. 碰到的每个问题都应该有一个正确而完美的解决办法，如果找不到这种完美的解决办法，那是莫大的不幸，真是糟糕透顶。

就比如说有些人常怀着一个信念，就是"良好的人际关系，一定常怀歉意"，但实际上能道歉与常道歉是两码事，这里的误区在于，忽略了事物的次数和程度，而单纯把关系的重要程度放在道歉之上。误区在于能道歉是强大的表现，死不认错是玻璃心，是德薄。但其实更重要的是对方犯错之后的行为。即使对方没有道歉，但是仍然改正了自己的错误，那就没有纠结的必要了，最怕的是嘴上说着道歉，但是又经常犯错。

比如有的父母给孩子经常道歉，又经常犯错。这时候言语上的道歉更倾向于一种表演。首先亲子关系不需要相互表演，其次重要的关系也不应该通过形式去界定，而更应该坦诚以待。最后，父母的言行不一也会给孩子造成不好的示范效果，造成一定的误区。

认知疗法就像一场有趣的辩论，"驳倒"我们的不合理信念，迎来更幸福的人生。我们可以看一看，最近自己遇到的难题中，有没有涉及这一些不合理的信念，如果有，及时转念，就能收获更快乐的生活。

林清玄说，"心随境转是凡人，境随心转是圣贤"，意思是说普通人如若遇到一点挫折就垂头丧气，遇到一点开心的时候便手舞足蹈，大起大落之间人生境遇无常，心随环境的变化而流转，容易惶恐不安；而圣贤之人会将挫折的境遇看作一种磨炼，以谦卑之心对待他人的赞美，不被外界的起伏所困，境遇会随心境的变化流转，而此心光明。"宠辱不惊，看庭前花开花落；去留无意，望天上云卷云舒。"愿大家勤奋修持己心，最终都能达到"境随心转"的境界。

认知能力与操作能力之间的关系是相辅相成的，没有认知的积累就没有操作的模式，没有操作的实践也不会达到认识的积累。操作能力是指人们操作自己肢体完成各项活动的能力。

皮亚杰认为人的认知发展就起源于动作。如果讲认知的改变是改变自己适应环境，那么通过操作能力，我们可以改变环境，让环境更加适宜生存。有时候我们可以转变自己的心念去适应环境，但有时候在尊重客观规律的前提下，我们也能够改造环境。

远古时期野兽横行，但是最初的人类开垦荒野种植粮食，圈养家畜保证食物供给，我们如今的环境，无一不是人类通过操作能力成功改造自然的证明。实践是检验真理的唯一标准，在实践和认知的相互推动下，中国又走出了改革开放之路，经济飞速发展，全体中国人民翘首以待中华民族的伟大复兴，离不开认知能力和操作能力，相互协调，相互推动。

三、能力差异激励人

（一）被"抛"在这个世界上：我有改变的能力吗？

在如今，我们看到有无数可被誉为"天才"的人在少年时就崭露头角，但在成年时却又默默无闻，这是为什么呢？

有一个有趣的小故事叫作"懒人挑担"。让我们来设想一下：一个懒人挑担子，会选轻一点的，还是重一点的担子？

大多数人下意识会认为懒人会选择轻一点的担子，但是懒人往往会选择重的担子，为什么呢？因为偷懒的懒人一直懒于挑担，到最后担子越积越重，他们只能选择挑重的担子。原本可以分目标完成的担子在不断积累之后，要达成的越来越多。实际上越偷懒，担子越重，人就是如此。不断拖延，要实现的目标就像一座高山，逐渐增长，直至望而却步。哪怕拥有极高的天赋，也难以应对越来越多地要做的事。所以有天赋但是偷懒也是不行的。

拥有很多天赋的人，如果不勤奋想要偷懒，越懒越依靠一下的发力，反而会越累。最后淹没于人群之中，开始责怪自己为什么没有一下子挑完的能力，实际上是没有利用好自己的天赋，反而靠自己的天赋偷懒，落得如此的下场。

家长在讲这个故事给孩子的时候也要告诉孩子们，天赋应该成为我们的"利剑"，而不应该成为我们偷懒的理由，不然最后上天终究会收回我们的天赋，使我们成为芸芸众生的一介凡人，如果我们可以努力提升自己的"剑术"，我们或许可以成为顶礼膜拜的剑客。

如果转回现实视角来看，如今的年轻人对以后要面对的众多现实问题而感到担忧，觉得自己的理想或目标过于宏大，无法达到，我也想说，哪怕是笨鸟，但也可以先飞。一天就像挑担子一样，挑一点，久而久之，就能堆积成山。将自己比作"愚公移山"，何尝又不是一种大智若愚呢？存在心理学认为人生在世就是被限制的，也就是"被抛"的，每个人的出生不同，天赋不同，能力不同，机遇不同，造就了每个人不同的人生，这是我们被限制的一部分，但存在心理学认为我们每个人最佳状态，就是要达到"超世存在"。

"超世存在"不是指我们没有限制，因为差异客观存在不能更改的，就像我们不能选择自己的出身。但是我们仍然有自主选择规划未来的能力，并且为自己的人生负责。假使能做到这两点，那么就摸到了"超世存在"的门槛了。

我们闷闷不乐的原因其实并不一定是环境的不可改变，甚至恶劣至极的环境，而是我们的能力没有得到应有的发挥，被限制的感觉充斥着我们的人生。我们心里常常存在着一个不合理信念，即"既然差异如此明显，那么我的能力能做到什么呢？我的努力真的是有必要的吗？"。这个信念会给我们带来亚健康的生活状态，不少人甚至认为这是一个无可动摇的客观现实。实际上我们并不一定需要去改变一些宏观东西才能证明我们做了什么。

尽管我们讲能力有个人差异，但是不是所有人生来就有出众的能力。曾国藩在历史上被誉为"晚清四大名臣"之一，但是在后世拥有赫赫威名的他，在小时候，能力却极为平庸。他从小体质较弱，很晚才学会说话，被同村的孩子嘲笑。有一次，在夜深人静的时候一个小偷想进他家，窃取财物。但是瞧这屋里灯火通明，小偷决定悄悄在房梁上等待，等什么时候熄灯再开始窃取财物。没想到，曾国藩在背一篇很短的文章，已经背了无数遍，但是硬是背不下来，就这样背了两个时辰，还是背得结结巴巴。小偷实在不耐烦了，从房梁上跳下来，替曾国藩流利地背诵了那一篇文章，生气地离开了。我们可以看到，如此聪颖的曾国藩，早年竟是如此笨拙，但是他坚信"勤能补拙""笨鸟先飞"，在不断的刻苦努力下，他最终做出了伟大的成就。恰恰是所谓"笨"，成就了他。

所有相信每一个孩子都有改变的能力。通过努力，他们终将攀登他们想要的高峰，即便这些高峰曾经看起来遥不可及。

（二）"天生低人一等"：我天生能力就不如别人吗？

我的孩子某天突然跑过来说："妈妈，我的同学他们都好厉害，我根本比不上他们。"我说："你没有比不上他们，每个人都有自己厉害的一面，永远不要觉得自己不如别人、低人一等，因为你也很厉害。"

"我是女孩子，我就一定不如男生吗？"并不是。我们一直在热议的男女平权，平等应该是心灵上的平等，无论男女，都有接受教育的权利，向往自由的权利和自我实现的权利。我们不能因为男女的生理结构确实有差异去妄自评判谁比谁高人一等，男性普遍力量较大，并不代表男性应该是世界的主宰。也不能觉得男女应该完全平等就抹杀了男女之间生理的客观差异，极端女权会认为女性"经痛"或是"休产假"是一种懦弱的体现。以上提到的二者都是一种极端，也是一种极阳的能量。

我们当今社会恰恰缺少这种阴阳调和的能量。精神分析大师荣格是十分看重阴性能量的。他受中国传统道家文化的影响，认为我们每个人身体中既有阴又有阳。我们从父亲那里继承了阳性的一面，从母亲那里继承了阴性的一面。男人身上具有的女性基本特征或特质叫作"阿尼玛"，女人身上拥有的男性基本特质叫作"阿尼姆斯"。① 在荣格看来，阴性能量是一种看不见的，与技术文明发展的程度没有关联，但是却时时刻刻会影响着我们的一种精神状态。

我们社会文化的倾向是追求权力，执念财富，美化物质的时代，这些带有主宰，带有攻击，带有侵入性的价值取向，属于阳的一面，张力很大，无限放大过于强化，属于一种极端的纯阳境界，比如说"为了金钱，我可以放下一切""伴侣如果不能带来利益关系，那有什么谈的必要？""一个不好的家庭起点一辈子都不可能出人头地"。而另一面关于美，关于自然，关于爱，关于关系中属于阴的一面总是忽略，过于弱化，触底反弹。

有的人可能会用"当代新局势思维"来解释自己的这些物化的信念，但实际上这些信念并不一定是他们本人的选择，而是一种自我防御，防御

---

① 卡尔·古斯塔夫·荣格. 原型与集体无意识 [M]. 徐德林，译. 北京：国际文化出版公司，2011（1）：25 -377.

自己可能受到的伤害，不愿再去付出真心不愿再去爱，但是这同时也会错过一些美好，不是吗？如果抱着与所有人的关系，都仅仅只是建立在利益的基础上，那么我们爱人的视角就会变成利用人的视角。

弗洛伊德曾经说过："如果一个人能投入工作、尽情地去爱，那他一般就不会有什么心理问题。"当然不是强调完全感性化的，纯粹用爱去感动一个人，而是说这份爱会让我们不忘记心底最深情的那块柔软，这并不是一种暴露，而是一种敢于袒露自己的真性情，不忘初心已经很难能可贵了。

我们凡夫俗子就在这股潮流中起起落落，悲欢离合，生离死别。灵魂是阴阳的整合，刚柔相济才是健康的灵魂，男性女性部分的统一才是灵魂的完整，才有能力去拥抱去爱另一个灵魂。

比如死不认错，不承认柔弱的一面；金钱至上，其他免谈；找对象一定要找有钱的，当什么都没有的时候至少还有钱；朋友关系就是利益关系；等等。这属纯阳极端。

这跟男权女权没有关系，任何社会都有灵魂整合的健康的人，可外可内，可攻可守，可粗可细，方可和谐平凡地过好每一天。如果我们不够警觉，就丧失了更有智慧的生活。

（三）建一个"心理银行"：缺少能力会发生什么

在我们生活中，我们的孩子们中自杀的越来越多，不结婚的越来越多，不生孩子的也越来越多，这究竟是孩子们仔细规划好的生活，还是人云亦云，不想承担相应的责任，我们是否有认真好好思考过？心理贫穷比物质贫穷更可怕，只会负能量不知道解决问题和生活中的矛盾。

有个专业术语叫"心理资本"，简称为"PsyCap"，是指个体在成长和发展过程中表现出来的一种积极的心理状态，具体表现为自我效能，乐观，希望以及韧性等方面。我们可以把它看作银行一样的存款，每个人都有一座心理银行，里面的存款就是心理资本。

心理资本富足，就像一个人的金钱存款，在应对外界灾难的时候，心理资本可以起到缓冲作用，就可以有足够的能力来应对外界的风险与不确定的情况。心理资本账户余额不够，给不出，吃不了苦，抱怨多，碰到一点困难就受不了的人很多。

我有一个同事借调到组织部工作三个月，这三个月他废寝忘食通宵达旦，没日没夜经常打地铺，过得十分辛苦，回到学校之后，无论分配给他什么工作都是 so easy，为什么？在这三个月中，他的心理资本增加了，弹性变强了，装得下更多的状况，接得住更多的风险。

这就是为什么现在基层公务员都要选调有干部经历的应届毕业生。因为干部，被磨炼过，被任务检验过，见识被打开过，有更大的心理资本，能应对处在风口浪尖的基层老百姓。也像我们上面说的"境随心转"，心理资本雄厚的人心不惊慌失措，以不变应万变。

看看身边碰到一点困难就抱怨，就六神无主，脾气很差，内心脆弱的人，都是心理资本不够，从小没被很好地养育，人格发育不成熟，所以不能担大任，不能扛事。人生这么长，总会有事要扛，不能 80 岁了还哭着喊爹娘。所以要养育一个心理资本雄厚，能给予，韧性强，人格成熟的健全人，要从小能坚持一件事。

我们虽不讲一定要让孩子"自讨苦吃"，但是我们要确保在压力来临时，我们的孩子有一定的承担能力，就要适当在事情中磨砺他们，让他们在面对事情的时候能接得住，能放得开，能做得好。除此之外，乐观积极的人生态度就是最重要的心理资本之一，它是应对各种负面事件的万能钥匙，也是我们心理银行重要的基础资金。

但是那些原生家庭糟糕，从小生活在矛盾和冲突下长大的孩子，现在就一定拥有更贫瘠的心理资本吗？我并不这么认为。现在，在互联网上非常流行一句话"幸福的童年治愈一生，不幸的人一生都在治愈童年"，诚然，原生家庭对一个人的影响非常大，但是它并不会大到一个人的一生就由他的童年所决定的程度。如果是原生家庭不幸福的人，看到这句话就会升起一种绝望感。即"我的能力不算什么，因为我从童年开始就奠定了我此生悲凉的基调"，这种消极的自我预设，反而才是导致悲剧的关键。

一个人之所以会耿耿于怀原生家庭好与坏，是因为他现在过得不好，那么原生家庭的矛盾对他来说就是一种负累。假使他现在过得很好，那么原生家庭的那些所谓矛盾是他积极一生的开端，他可以很自豪地和所有人说，"哪怕我历经苦难，但是我仍然开出了属于自己的花朵"。

这说明，我们看童年要看以什么视角去看童年，拥有这个视角的人，他是当下的你，已经不再是过去的那个无助的自己，而不是去承认童年决定论。通过改变我们的叙事结构，原本定义为消极的故事，可以重新定义为积极的故事。

所以说原生家庭，它并不决定一个人心理资本的雄厚与否，好好滋养我们的心理资本，保持心理健康，我们每个人都可以书写属于自己的积极人生故事。

（四）自己给自己盖上盖子：是什么限制了我们的能力？

心理学上有一个著名的实验名叫跛足策略，来源于心理学家伯格拉斯：给一组被试呈现两种药丸，其中蓝色药丸代表降低自己的能力，红色药丸代表可以增强自己的能力。结果却发现，若是被试要求进行一项困难的工作，多数人会选择蓝色药丸，也就是降低自己的能力，而若是干简单的工作，多数人则选择红色药丸，也就是增强能力。大多数人理想状态下都会设想自己在面对困难的时候，拥有足够的能力去应对，但是真正遇到困难的时候又选择倾向隐藏自己的能力，这是为什么呢？其中的原因在于，许多人为了维护自己的自尊，不太能接受失败的现实，于是避免直接承认自己能力不足会故意设下一些障碍，如果通过这些障碍还是成功了，那么则表明自己的能力出众，万一失败了就可以把失败的原因归咎为自己所设下的障碍，也就是外界（实际上是一种自我设限），这样就可以回避直接承认自己的能力不足。

其实拖延就是一种典型的自我设限。

有的人可能会想说："拖延只是我的一种习惯，我有做这个事情的能力，但我做事情就是喜欢拖拖拉拉。"这是把拖延归结成一种无可取代的状态，减少选择感，而让自己达到认知平衡。但是我们有没有思考过，我们为什么做事会拖泥带水呢？

法国著名哲学家朱尔·斯贝约尔说："绝大多数人的目标是尽量不动脑子地生活。"如果要立即终结拖延，那就意味着我们现在就得放弃不动脑子的生活而动脑子。可是人们并不喜欢动脑子。所以我们终日刷着简单的短视频乐呵，动动手指就可以获取新鲜刺激信息，不思考这些信息是否对我们有用。这些不用动脑子的事情做起来省力，但是时间就这样悄然流走，而正事一点没做。这是简单行为的拖延，就好比我们现在要去做一些小事，比如说把碗洗一下，把一句话传达一下，这些明明我们举手之劳的事情，却始终被各种娱乐拖延。

困难行为的拖延，大部分也并不是能力的问题。就好像我们上面说到的跛足策略，很多人喜欢把自己的工作或者任务，拖到截止日期临近才开始行动。假使在时间足够的情况下，我没做好，那就是我个人能力的问题，人们避免直接承认自己能力的问题，所以要将时间拖延至较少，我做好了就能代表我能力出众，如果我没做好，那就代表我时间不够。这样我就可以避免直接承认我的能力不足。

所以拖延本质是一种回避，回避要动脑子，回避困难的事情，极个别可能是回避童年的创伤事件，这些回避都是一种自我设限，并不代表能力有所缺失，只要能够转念，拖延的问题也就能迎刃而解。

事实上，拖延症在我们孩子身上是经常出现的，他们会吃饭拖延、洗澡拖延、写作业拖延……我们家长面对这样的情况，首先要做的就是树立时间观念，例如在日常生活中规定好起床、洗漱、吃早餐、出门等的时间，在孩子按时完成时给予表扬和肯定，如果孩子没有及时完成，我们也要给予鼓励和开导；其次，培养孩子独立自主完成事情的能力，部分孩子拖延是因为太过依赖他们的父母，只要他们拖延，最后他们的父母就会帮他们完成事情，我们一定要让孩子养成自己的事情自己做的理念，多培养他们自主处事的能力；最后，家长也应该树立好榜样，很多孩子会拖延可能是因为家中父母也有类似情况，家长也应该成为一个按时完成任务，时间观念强的人。

（五）熬夜：夜晚是灵魂的栖居所

熬夜危害其实已经尽人皆知了。会导致内分泌失调，从而超重肥胖。夜晚是分泌褪黑素的时候，熬夜会让褪黑素无法分泌，使肤色暗沉粗糙。并且熬夜会损伤肝脏，夜晚十一点，肝脏开始解毒，长期熬夜，会影响肝脏在夜间的自我修复功能。熬夜还会使人容易猝死，增加患病风险，并使记忆力下降，注意力分散等多发风险。但是很多人在知道熬夜的危害之后仍然"忍不住要去熬夜"，明明没有什么事情要干，有能力早睡，但是一刷手机拖到零点，猛然一看时间："原来已经这么晚了！"实际上这属于心理问题。

人们一般不想睡的原因有三个：

第一，白天没有顾虑自己的感受，要做很多不想做的事情，内心充满疲乏感。出于补偿心理，人们会更倾向于在深夜拥有独处时间的时候补偿自己。

第二，白天做的事情不是自己想做的，内心没有满足感，总觉得这一天就这样潦草地结束了心有不甘，于是继续熬夜。

第三，自己的时间被外界支配，总感觉自己失去了自己，只能在夜晚找回自己的感觉。

他们完全有能力早睡，这是必然的。但是很多时候他们觉得自己的能力没有被发挥出来，便渴望更多的空间去弥补这份缺憾，而夜晚，这是一个无人打扰的时间，很多人内心的脆弱，便在夜晚逐一显现。这对他们的健康固然是一种损害，所以说我们先要理解他们这么晚睡的理由，然后才能去接纳他们。看见他们内心的渴求，本质上也是一种疗愈。看到了这些渴求之后我们可以让孩子怎么做呢？

1. 通过冥想来放松自己，去听一些冥想放松音频，想象自己漫步在森林、畅游于海洋，把白天工作时候的疲惫就这样在愉悦中一扫而空。这样你的心灵会更加安定，不再产生不满足感。也可以训练自己的正念，觉察自己的呼吸，细数自己的呼吸，通过集中注意力来提高精神的耐力。

2. 不要睡前刷手机。手机中短、快、强的刺激会让我们沉迷于此而忘记时间，不知不觉就已经到了深夜。并且手机会散发一种人造蓝光，研究表明，这种蓝光会提高人类精神的兴奋程度，使我们难以入睡。

3. 不刷手机取而代之的可以是一些有意义、丰富个人阅历的活动。比如说去学一项技能：唱歌，画画，弹琴。或者可以在睡前看一看书。满足自己白日被工作填满，被他人掌控之后想要补偿自己的心理，这些有意义的事情会真正丰盈你的灵魂，而不是看无意义的短视频。

有人说，"熬夜是没有喂饱灵魂"。通过睡前去做一些能够提升自己能力的事情来让灵魂充盈，这是让人受益一生，增长阅历的事情。

四、情绪智力

根据萨罗威（Salovey）和梅耶（Mayer）的定义，"情绪智力是一种能力，能够觉知和表达、促进思维的理解和分析并且能够调控自己和他人的情绪。也就是个体监控自己及他人的情绪情感，并识别利用这些信息指导自己的思想和行为的能力"。它涵盖多方面，包括了感知表达理解和调节情绪，在人们解决问题的时候发挥着重要影响。研究表明情绪智力的培养，对大学生创造力的发展也具有积极的影响。世界著名管理学家、管理心理学家弗雷德·路桑斯（Fred Luthans）将情绪智力归纳为一种潜在的心理资本，认为其具有可能的社会优势与更高层次的优势。比起情绪智力，更多人听过的，可能是"情商"这个词语。"情绪商数"简称情商，英文简称为EQ，代表一个人的情绪智力的指数。

情绪智力在当今时代水平下显得尤为重要。以前信息不发达人与人之间交往闭塞，社交的需求远远不及如今的巨大。在今天网络发达信息横流的时代，每个人都不是一座孤岛，交际是不可避免的，在人与人的交际之中，就需要用到情绪智力。如果人的"物化"回归原点，"人化"是一种趋势。我们强调人已经不再是为了生产劳动的工具，不再是一具空空的躯壳，要倡导回归人的自我实现，强调爱与尊严。要让每个人能够充分发挥自己的能力，达成"超世存在"。

所以未来的趋势一定是"心理＋生活"的工作模式，这个时代为人类回归身心灵的觉醒时代。那么问题来了，如果你不懂生活，心理工作干不好；如果你纯粹谈心理，你可能会有失业的风险。我们可以看到这样一个疑惑，某些当年的学霸或者朋友本来凭借其智商高可以平步青云，但是最终却碌碌无为，一些以前不起眼的同学反而混得风生水起，差别就在其情商。"死读书"而养成的"书呆子"不再受欢迎，因为心理将成为各行各业各部门各阶层的共识，心理考量将融入生活工作的方方面面。

我们可以看到之前网上流行的一直是迷信之类的星座，来区分人与人之间的性格与匹配程度，但现在 MBTI 火爆全网，人们用更科学的考评方式，更好地了解自己与他人的性格，这就是心理学真正普及化大众化的体现。它不再是高高在上的殿堂，也不再依附于哲学，受制于神学。学好心理学，就是培养情绪智力的关键。

（一）情绪智力的重要性："不以相貌论英雄"

诸葛亮运筹帷幄的威名，大家应该都听过，相传他长得一表人才有勇有谋，可是他的娘子黄月英，被戏称为"阿丑"，常常遭人忽略，但其在幕后也起到了十分重要的作用。在《三国演义》中，诸葛亮曾用木牛流马运送粮草，解决了蜀国兵员不足的问题，其机关之精妙，堪称神来之笔，而诸葛亮制作它的灵感就来源于黄月英。黄月英自幼饱读诗书，多才多艺，创造出了木狗、木虎、木人等精巧的机关，让诸葛亮惊叹不已。黄月英为考验诸葛亮是否真正是他心中心仪君子所具备的超世之才，向诸葛亮提出三"不"条件：一不坐轿，二不骑马，三不乘船。

为了礼数周全，诸葛亮可不能让他的新娘子徒步到夫家，于是就着观察黄月英所创造的机关的灵感，创造出了"木牛流马"，这种奇特的机关似牛非牛，似马非马，不用人抬也不需要马拉，完全符合了黄月英对其的要求，而这个机关在随后的战役中也起到了巨大的作用。

我们都听过苏轼所写的《念奴娇·赤壁怀古》中诸葛亮"羽扇纶巾，谈笑间，樯橹灰飞烟灭"。诸葛亮手执一把羽扇，给他平添几分神秘色彩。这把羽扇传言即为黄月英所赠。在诸葛亮第一次上门求亲时，月英将这把羽扇送给了他，并问："诸葛先生可知，为何送你羽扇？"诸葛亮答："是礼轻情意重的意思吧。"月英便说："诸葛先生刚才在和家父畅谈天下大事的时候，讲到你胸怀大计，心系天下苍生的时候眉飞色舞；但当讲到曹操孙权时眉头紧锁，忧虑颇深。我送你这把羽扇，是用来让你遮面的。"诸葛亮一听，秒懂月英的用心良苦。因为这是在告诉他，越是遇到大事的时候，越要沉得住气。在打仗的时候一旦显露出忧虑之姿，士兵看到了会降低士气，敌方看到了会增长士气，便得不偿失。用羽扇遮住表情，令敌人猜不透摸不着，在打仗的时候就颇有几分"心理战"的味道。还意味着想要干一番大事，得心中强大。轻易喜形于色，反而是情感波动大的体现，理智就会丧失。

我们可以看到，情绪智力在战争时代的运用，运筹帷幄不仅仅要比拼智力，更要比拼谁更能沉得住气，沉得住气者能担大局。诸如此类者还比如越王勾践卧薪尝胆，为了报亡国之仇，在末路穷途之时也没有失去自己的志向，卧薪尝胆，只为提醒自己，不要忘记被羞辱的时候，最终归来之时一雪前耻。

无论是黄月英还是越王勾践，都是心理资本强大且富足的人。在如今快节奏的时代，我们更要沉得住气，但不是一味地忍让，而是等待厚积薄发的时候。

（二）我们怎么控制情绪能力：我有一匹失控的野马

不仅是想成大事的人才需要用到情商，在我们日常生活中，如果没有这种情绪耐受力，酿成的甚至是悲剧。在美国是枪支自由的。在杰克和太太刚到家的时候，他发现家门口没有上锁，便心中生疑："女儿说今天不回家，那为什么门没有上锁？难道是小偷吗？"这么想着他掏出了他的枪支，并且小心翼翼地上楼。这时候听到他的女儿房间有窸窸窣窣的响动，他心下立判，一定是小偷在这儿。杰克感觉到无比恐惧，他害怕小偷手上也有枪支，并且被发现坏事败露，随时可能大开杀戒，把他和太太两个人都杀掉。他颤抖着打开女儿房间的门，一个身影从衣柜里跳了出来，杰克下意识地扣动了扳机，这个身影倒在了血泊之中——是他最心爱的女儿。本来想给她的父母一个惊喜，结果不幸当场殒命。

我们可以看到故事的主人公很难平静地面对突发情况，用俗话说就是情商比较低。情商不仅仅指的是为人处世，需要掌握的一些沟通技巧，还更讲的是一个人对情绪的掌控能力的高低。情绪掌控能力差的人遇到一点小事就担惊受怕，并且很容易失控。情绪控制力强的人能够波澜不惊地应对大事，最终化险为夷。

我们每个人都拥有情绪，它就像一匹野马，拥有无限潜能。用得好的人会调动他的情绪，在关键的时刻斗志昂扬奋力一搏，最终取得胜利。但是有的人反而被情绪所控制，情绪一上头便歇斯底里，这匹野马就像脱缰了一样横冲直撞，向外无差别地攻击。等他清醒过来的时候，回顾残局又感到无尽的懊悔。他们在冲动的瞬间，口不择言，行为失控，可能伤害到身边最亲近的人。那些尖刻的话语、粗暴的举动，如同锋利的刀刃，在他人的心灵上划下深深的伤痕，而这些伤痕，或许会成为日后难以修复的沟壑，永远横亘在彼此之间。"情商之父"丹尼尔·戈尔曼认为，智商和情商这两种竞争力因素不是相互对立的，而是相辅相成的，"每个人都不同程度地同时具有认知和情绪智力，两者融为一体。但是相对而言，情绪智力对个人的全面发展所起到的作用更为显著"①。但是情绪管理却很少有人去教

---

① 丹尼尔·戈尔曼. 情商：为什么情商比智商更重要 [M]. 杨春晓，译. 2版. 北京：中信出版社，2018：73-75.

学。戈尔曼认为，想要衡量情商的高低，需要有五个标准：

首先我们要了解自己的情绪。众所周知，我们人有意识与潜意识，情绪他是在潜意识之中运作的，所以我们需要破开防御才能深入挖掘到它。潜意识并非像一些人以为完全接触不到，也不可以被认知，实际上通过一些精神分析或者内在觉察是可以意识到的。

就比如说在我们看到别人优秀的时候心中有些许不爽，如果我们把这个不爽忽略了，但是它仍然存在，可能在下一次的行动中会影响着你做出一些损人不利己的行为。但是如果我们能够及时认识到自己有这份"不爽"，就可以去控制它。"我是不是在嫉妒？这个情绪对我来说是好是坏？"意识到这个情绪是为了不让这个情绪在不断积累中深化，有些人不肯承认自己有坏心思，但是坏心思始终影响着他，最终酿成无可挽回的后果。

其次，我们要学会管理自身的情绪。如果我是有了嫉妒的心，我应该怎么做？我可以试着将眼光放在更高远的地方，知道眼前暂时的比较是无意义的。并且不断去提升自己，而不是去坑害他人。这样不良的情绪就能及时被遏制。

但是要注意一点误区是，能够良好管理情绪，并不是没有情绪。我们或许渴望变成没有情绪波澜的人，这样好像就能永远理性面对所有的事情，不被情绪所伤害。那实际上这是一种防御，叫作"超理智"情绪仍然会存在，只是你感知不到它的多少，等到某一天，情绪积累过多就会突然一下爆发，我们会觉得自己好像"变了个人似的"。并且超理智的人也会下意识地去用所谓的理性思维去忽视别人的感受，在工作时好像会更加得心应手，但是在处理亲密关系的时候会变得更加糟糕。我们每个人都需要爱的滋养，需要亲密关系，这可能不仅仅指的是你的伴侣，还有你的父母，正视自己的情绪需求十分重要。

然后，要能够激励自己。可以给自己设定一个目标，朝着这个目标奋斗的过程也是自我实现的过程，这是激励自己行动的一种方式。我们每个人都会有受挫的时候，这无可避免；激励自己使我们能够重新站起来何尝不是一种勇敢。我们可以用"延时满足"来激励自己。一个心理学经典实验中，将一群小孩子分别关在无人的单间，给他们一颗软糖，并且对他们说，如果你能等待 20 分钟，那么你可以得到两颗软糖，如果你提前将软糖吃掉，只能得到一颗软糖。在后续实验跟进之中，发现那些能够延时满足等待 20 分钟之后，得到两颗软糖的小孩子，往往取得更好的成就。这对我们的启示是，如果在遇到挫折的时候把它想成是种延时满足，并且在取得一个小目标之后给自己一定的奖赏，这样我们的动力就会相对应地提升。

接下来，能够识别他人的情绪也很重要。我们上面提到，"超理智"的人有忽略感情的倾向，而我们应当正视自己的情绪需求，当然也要正视别人的情绪需求。我们经常提到一个词，做人要有"同理心"，现在很多人很厌恶伪善，但是同理心不是一种伪善，是真正地设身处地站在他人的角度去思考问题。在这之前要充分允许对方表达自己的想法，倾听是一门艺术。有些人不会倾听，反而说一些"你这些事没有什么大不了的，我当初……"或者"这不过是一些小事"，人家可能就不会再向你表达他自己的想法了。在人际相处中，我们不可避免地要有倾听的时刻，只有耐心倾听他人，在你困难的时候，人家才会伸出援手。

包括如果我们想要说服他人，也要先识别他人的情绪，站在他人的角度去思考问题，再在他人的逻辑之中，找到突破点。

曾国藩眼光高远，一心想要国泰民安，于是上书咸丰皇帝。但是言语比较直白，咸丰皇帝看了之后大怒，叫来军机大臣祁寯藻想要治罪于曾国藩。

但祁寯藻对曾国藩印象不错，并且奏折言均属实，他心生惜才爱才之心，便道："主圣臣直。"意思是说，只有皇帝开明才能有像曾国藩这样说话直接的臣子。这样不着痕迹地拍马屁，很显然说服了皇帝，也救了曾国藩，咸丰转怒为喜："这厮就不怕丢乌纱帽吗?"

祁寯藻说："曾国藩尚书之前已经写了封信给家人，信上说'我凭良心写这封信给皇上，已经将得失祸福置之度外'，目前这封信已经传遍京城了。"

咸丰帝欣慰道："这厮大有前朝海瑞抬棺材谏朱厚熜的风范啊!"

祁寯藻乘机说："如果皇上治罪于他，天下士子必定会倾向于他；如果皇上能因此奖赏他，这证明皇上您的心胸是宽广的啊!"咸丰了然："你言之有理，就这么干。"

于是曾国藩升职为刑部左侍郎。

由此可见，情绪之力在善用之下，能提高我们生活的幸福程度，让我们的生活越来越好。

参考文献

［1］艾宾浩斯. 记忆［M］. 曹日吕，译. 北京：科学出版社，1965.

［2］傅小兰. 情绪心理学.［M］. 上海：华东师范大学出版社，2016.

［3］高永百合. 浅谈学习与记忆关系及改进记忆方法探究［J］. 青年文学家，2010（11）.

［4］郭本禹. 西方心理学史［M］. 3 版. 北京：人民卫生出版社，2019.

［5］郭秀艳. 实验心理学［M］. 北京：人民教育出版社，2019.

［6］侯玉波. 社会心理学［M］. 4 版. 北京：北京师范大学出版社，2018.

［7］黄帝内经［M］. 姚春鹏，译注. 北京：中华书局，2022.

［8］凯斯·R. 桑斯坦. 信息乌托邦［M］. 北京：法律出版社，2008.

［9］理查德·格里格，菲利普·津巴多. 心理学与生活［M］. 19 版. 王垒，等译. 北京：人民邮电出版社，2016.

［10］莉莎·费德曼·巴瑞特. 情绪［M］. 周芳芳，译. 北京：中信出版集团，2019.

［11］林崇德. 发展心理学［M］. 3 版. 北京：人民教育出版社，2018.

［12］陆林. 沈渔邨精神病学［M］. 北京：人民卫生出版社，2018.

［13］罗杰·霍克. 改变心理学的 40 项研究［M］. 7 版. 白学军，等译. 北京：人民邮电出版社，2019.

［14］马歇尔·卢森堡. 非暴力沟通［M］. 北京：华夏出版社. 2009.

［15］潘麟.《瑜伽经》直解［M］. 北京：中央编译出版社，2017.

［16］彭聃龄. 普通心理学［M］. 5 版. 北京：北京师范大学出版社，2019.

［17］钱铭怡. 变态心理学［M］. 北京：北京大学出版社，2006.

［18］许燕. 人格心理学［M］. 2 版. 北京：北京师范大学出版社，2020.

［19］葛明贵. 感觉剥夺实验研究述评［J］. 安徽师范大学学报（自然科学版），1994，22（3）.

［20］侯立华. 语言的心理学意义以及心理咨询中的语境识别应用［J］. 上海精神医学，2010，22（S1）.

［21］侯玉波，田林. 遗传与环境在人类行为发展中的作用［J］. 北京社会科学，2001（2）.

［22］姜媛，沈德立，白学军. 情绪、情绪调节策略与情绪材料记忆的关系［J］. 心理发展与教育，2009，25（4）.

［23］毛明明. 巧用记忆规律提高记忆能力［J］. 内蒙古教育，2017（6）.

［24］毛志远，陈红琳. 相声幽默语言的话语分析［J］. 绥化学院学报，2023，43（5）.

［25］宋艳，曲折，管益杰，等. 视知觉学习的认知与神经机制研究［J］. 心理科学进展，2006（3）.

［26］万庆和. 再谈心理与生理的关系——记忆的生理机制［J］. 抚州师专学报，1987（4）.

［27］尹慧. 关于早期经验的理论及其对人格教育的启示［J］. 前沿，2010（1）.

［28］张美琴. 形成知识网络提高记忆能力［J］. 江苏教育，1999（11）.

［29］祝康林. 物业管理人际交往中的"社会知觉"［J］. 现代物业（上旬刊），2010（8）.

［30］李文静. 情绪动机强度对认知重评亚型策略选择的影响［D］. 兰州：西北师范大学，2023.